„Jugando se aprende“

Lernspiele für Spanisch

Klasse 5–10

Gina Fobbe

Cornelsen

Die Autorin

Gina Fobbe verbrachte ihre Kindheit in den USA. Sie unterrichtet seit vielen Jahren Englisch, Französisch und Spanisch an Bayrischen Gymnasien und war Fachbetreuerin für Französisch und Englisch. Daneben arbeitete sie in der Jury für den Bundeswettbewerb Fremdsprachen und war Prüferin für das Bayrische Elitefördergesetz.

Projektleitung: Hannah Katharina Feyen, Berlin
Redaktion: Kristina Kremer, Berlin
Umschlagkonzeption/-gestaltung, „Kringel" Innenteil: Ungermeyer, Berlin
Layout/technische Umsetzung: LemmeDESIGN, Berlin

www.cornelsen.de

1. Auflage 2019

Druck: Athesiadruck GmbH

ISBN 978-3-589-16609-1

PEFC
PEFC/18-31-166

PEFC zertifiziert
Dieses Produkt stammt aus nachhaltig bewirtschafteten Wäldern und kontrollierten Quellen.
www.pefc.de

Inhalt

Spieleverzeichnis 4

Vorwort 8

Spiel 1–4

Juegos con números - Zahlenspiele 9

Spiel 5–21

Juegos para ampliar el vocabulario – Vokabelspiele 14

Spiel 22–27

Juegos de gramática – Grammatikspiele 40

Spiel 28–34

Juegos para formar frases – spielend Sätze bilden 51

Spiel 35–41

Juegos con actividades – aktive Spiele 61

Spiel 42–50

Juegos de rol – Rollenspiele 72

Spiel 51

Juego para motivar y respirar – Motivations- und Atmungsspiel 86

Nr.	Spiel	Kurzbeschreibung	Kompetenz	Dauer
JUEGOS CON NÚMEROS – ZAHLENSPIELE				
1	¡Ojo! – ¡Paf!	Die Zahlen werden anhand von Zahlenreihen geübt.	Wortschatz Sprechen Rechnen	6–8 min
2	Bingo	Bingo mit Zahlen: Zahlen werden ausgerufen und abgedeckt.	Wortschatz Hören	30 min
3	Mi reloj	Die Uhrzeit wird mit einer selbstgebastelten Uhr trainiert bzw. eingeführt.	Wortschatz Sprechen	15 min
4	Patata caliente	Kurzes Spiel zur Wiederholung der Zahlen und zur (Re-)Aktivierung der Aufmerksamkeit.	Wortschatz Sprechen	10 min
JUEGOS PARA AMPLIAR EL VOCABULARIO – VOKABELSPIELE				
5	Bingo con imágenes	Bingo mit Bildern: Wörter werden ausgerufen und Bilder abgedeckt.	Wortschatz Hören	15–20 min
6	¿Qué hay en mi estuche?	Das Schulmaterial wird benannt und Dialoge werden gespielt.	Wortschatz Sprechen Schreiben	10–15 min
7	Me acuerdo	Wortschatz wird mithilfe eines Gedächtnisspiels gelernt.	Wortschatz Sprechen	15–20 min
8	Hago mi maleta	Koffer packen – die Schüler listen Dinge auf, die sie auf einer Reise benötigen.	Wortschatz Sprechen	10 min
9	La casa de Juan	Eine Wortkette wird gebildet, indem ein Haus beschrieben wird.	Wortschatz Sprechen	10 min
10	La red y el ordenador	Wortschatz zum Thema Computer und Internet wird durch Zuordnung trainiert.	Wortschatz	15 min
11	Frutas y colores	Anhand von Dialogen werden die Farben sowie Obst- und Gemüsesorten wiederholt.	Wortschatz Sprechen	15 min
12	El suplente	Wörter werden umschrieben und erraten.	Wortschatz Sprechen	30 min
13	Tortilla española	Wörter werden aus einem vorgegebenen Buchstabenpool gebildet.	Wortschatz Schreiben Grammatik	15 min

Nr.	Spiel	Kurzbeschreibung	Kompetenz	Dauer
14	¡Alto!	Zu verschiedenen Kategorien werden in kurzer Zeit Wörter gesucht.	Wortschatz Schreiben	20 min
15	Falta la primera sílaba	Die erste Silbe von verschiedenen Wörtern muss gefunden werden.	Wortschatz Aufbau von Wörtern	10 min
16	La cadena más larga	Wortschatz zu einem bestimmten Thema wird gesammelt und memorisiert.	Wortschatz Sprechen	15 min
17	El detective	Fehler werden gesucht und Wörter korrigiert.	Wortschatz Schreiben (bzw. Richtigkeit überprüfen)	15 min
18	¿Qué escribo?	Wörter werden mit dem Finger auf den Rücken geschrieben und erraten.	Wortschatz Schreiben	10 min
19	Los correos secretos	Stille Post: Wörter werden zugeflüstert.	Wortschatz Sprechen/Artikulation	10 min
20	Sílabas con palmadas	Wörter werden durch das Klatschen der Silben erraten.	Wortschatz Aufbau von Wörtern	10 min
21	El ratón en la casa	Mäuse werden in einem Haus „versteckt“ und gesucht.	Wortschatz Sprechen	10 min
JUEGOS DE GRAMÁTICA – GRAMMATIKSPIELE				
22	Mis dragones	Drachen werden gezeichnet und beschrieben.	Grammatik (Angleichung Adjektive) Sprechen	15 min
23	¡Qué fanfarrón!	Lustige Vergleiche werden angestellt.	Grammatik (Komparativ und Superlativ) Sprechen	15 min
24	¿Cómo eres y cómo estás?	Brettspiel zur Wiederholung von *ser* und *estar*.	Grammatik (*ser* und *estar*) Wortschatz	15 min
25	La rana Rita	Brettspiel, um die Konjugation von Verben zu üben.	Sprechen Grammatik (Konjugation)	15 min
26	Cristóbal Colón	Brettspiel mit gemischten Grammatikaufgaben.	Sprechen Grammatik	15 min
27	Mover el caballo	Brettspiel mit gemischten Grammatikaufgaben.	Wortschatz Grammatik	15 min

Nr.	Spiel	Kurzbeschreibung	Kompetenz	Dauer
JUEGOS PARA FORMAR FRASES – SPIELEND SÄTZE BILDEN				
28	¿Quién es?	Die Personenbeschreibung wird spielend trainiert.	Wortschatz Sprechen	15 min
29	Veinte preguntas	Anhand von Entscheidungs-fragen werden Gegenstände erraten.	Wortschatz Sprechen	15 min
30	Una historia con suspense	Gemeinsam wird eine Geschichte erfunden.	Wortschatz Sprechen	15 min
31	Doblar el papelito	Lustige Sätze werden gemeinsam erstellt.	Schreiben Grammatik (Wortarten)	10 min
32	La serpiente azteca	In Wortschlangen sind Informationen zur Geschichte Mexikos versteckt.	Wortschatz Lesen Landeskunde	10 min
33	La piñata	Sätze werden aus gemischten Satzteilen gebildet.	Schreiben Grammatik Landeskunde	15 min
34	¿Quién soy?	Personen werden anhand von Entscheidungsfragen erraten.	Wortschatz Sprechen Syntax (Fragen)	15 min
JUEGOS CON ACTIVIDADES – AKTIVE SPIELE				
35	Novios en noventa y nueve segundos	Eine Art *Speeddating*, bei dem man sich in kurzer Zeit kennenlernt.	Sprechen Hören	20 min
36	Daniel dice	Befehle müssen unter bestimmten Umständen ausgeführt werden.	Hören Wortschatz Grammatik (Imperativ)	10 min
37	¡Ándale!	Wörter einer bestimmten Kategorie werden in kurzer Zeit gesammelt.	Wortschatz Schreiben	15 min
38	A ciegas	Dem Partner wird mit geschlossenen Augen der Weg gezeigt.	Sprechen Hören Grammatik (Imperativ)	10 min
39	El camino de Santiago	Aufgaben müssen erfüllt wer-den, um Stempel im Pilgerpass zu erhalten.	Sprechen Wortschatz Landeskunde	40 min
40	Silla caliente	Fragen zur Landeskunde werden gestellt und beant-wortet.	Sprechen Landeskunde Hören	15 min

Nr.	Spiel	Kurzbeschreibung	Kompetenz	Dauer
41	Búsqueda del tesoro	Es gibt eine Schatzsuche anhand von Fragen zur Landeskunde.	Sprechen Landeskunde Hören	20 min
JUEGOS DE ROL – ROLLENSPIELE				
42	Buscar alojamiento	Dialog bei der Tourismusinformation wird gespielt.	Wortschatz Sprechen Schreiben	20 min
43	Un mapa de la ciudad	Die Schüler fragen sich gegenseitig nach dem Weg.	Wortschatz Sprechen Landeskunde	20 min
44	En el (super)mercado	Ein Einkaufsdialog im Supermarkt / auf dem Markt wird gespielt.	Wortschatz Sprechen	20 min
45	Comprar ropa	Ein Einkaufsdialog in einem Kleidungsgeschäft wird gespielt.	Wortschatz Sprechen	20 min
46	Tener una avería en la carretera	Eine Autopanne und der Notruf beim Pannendienst wird nachgestellt.	Wortschatz Sprechen Sprachmittlung	20 min
47	En la panadería	Ein Einkaufsdialog in einer Bäckerei wird gespielt.	Wortschatz Sprechen	15 min
48	En la pescadería	Ein Einkaufsdialog in einem Fischgeschäft wird gespielt.	Wortschatz Sprechen	15 min
49	En el hospital	Ein Besuch beim Arzt wird gespielt.	Wortschatz Sprechen	20 min
50	En un piso compartido	Die Schüler stellen sich bei verschiedenen WGs vor und suchen ein Zimmer.	Wortschatz Sprechen Schreiben	30 min
JUEGO PARA MOTIVAR Y RESPIRAR – MOTIVATIONS- UND ATMUNGSSPIEL				
51	Movimiento	Wörter werden pantomimisch dargestellt.	Wortschatz Sprechen	10 min

Vorwort

Liebe Lehrende!

Dieses Themenheft soll Ihnen helfen, die Leichtigkeit des Lernens im Spiel zurückzugewinnen.

Einerseits sollen die Inhalte der jeweiligen Unterrichtseinheit vertieft werden, andererseits „soll es keiner mitkriegen", weil das Lernen neuer Inhalte einfach Spaß macht und im Grunde lernt jeder gerne etwas Neues. Lassen Sie sich ein bisschen von Ihrem Gefühl leiten: Wenn gerade eine kleine Auflockerung angebracht ist, nur zu! Falls Ihre Schüler die Spielregeln leicht abwandeln wollen, probieren Sie es ruhig aus. Man muss nicht genau 6 *sellos* haben, es reicht, dass man sich auf den *„Pilgerweg"* begeben hat, „auf die Reise" zu sich, zum Unbekannten, zum Spanischen. Dann werden die Regeln gelockert oder verändert, der Weg ist das Ziel.

- Ein Spiel im Unterricht will heutzutage *InfoTainment* sein, d. h. kurz und knackig einen bestimmten Aspekt des Lerngeschehens spielerisch vertiefen. Wählen Sie deshalb immer nur ein Spiel je Lerneinheit aus, das sich organisch aus dem Unterrichtsgeschehen ergibt.
- Wenn Sie Zeitnot haben, stellen Sie das Spiel lieber für einen günstigeren Zeitpunkt zurück; Zeit-Not bringt Sie nur in Zeit-Druck.
- Bereiten Sie das Spiel gedanklich vor, es sollten möglichst wenige Materialien und wenig Erklärung nötig sein, um die „breite Masse" der Lerngruppe mit möglichst viel *chispa* zu erreichen.
- Setzen Sie sich selbst und den Schülern ein zeitliches Limit, ein Spiel soll auflockern und kein Selbstzweck werden.
- Da das Konzentrationslimit je nach Alters- und Lerngruppe bei ca. 10–12 Minuten liegt, sollte das jeweilige Spiel eines von mehreren Lern-Elementen sein und das vorhergehende ergänzen – oder das nächste vorbereiten.
- Möglichst viele Kommunikationskanäle sollen bei jedem Lerninhalt angesprochen werden: Lesen, Memorisieren, Hören, Sprechen, Vortragen, Schreiben, Notizen machen, mit Brettspielen arbeiten, etc. Dann prägen sich die Inhalte besonders gut ein, weil der Kontext bzw. die Parameter geändert werden.

Gina Fobbe

P.S.: Aus Gründen der besseren Lesbarkeit wird in diesem Themenheft weitgehend die männliche grammatische Form verwendet. Natürlich sind damit auch immer Frauen und Mädchen gemeint, also Lehrerinnen und Schülerinnen.

¡Ojo! – ¡Paf!

Klassenstufe	Ab 1. Lernjahr
Kompetenzen	Die Schüler üben die Zahlen. Auch die Sprechkompetenz und die Konzentrationsfähigkeit werden trainiert.
Zeitbedarf	6–8 min
Material	–
Einbindung in den Unterricht	Die Zahlen von 1–100 werden wiederholt.

ABLAUF

Die Schüler zählen der Reihe nach, statt einer 5 oder einem Vielfachen von 5 sagt man ***¡paf!,*** statt einer Zahl, in der die 7 vorkommt (7, 17, 27, etc.), sagt man ***¡ojo!:***

"uno – dos – tres – cuatro – ***¡paf!*** – seis – ***¡ojo!*** – nueve – ***¡paf!*** – once – doce – trece – catorce – ***¡paf!*** – dieciséis – ***¡ojo!*** ..."

VARIANTEN

- Die Schüler zählen der Reihe nach, statt einer 5 oder einem Vielfachen von 5 sagt man ***¡paf!,*** statt einer 7 oder einem Vielfachen von 7 sagt man ***¡ojo!,*** statt der 35 muss es ***¡ojo/paf!*** heißen.
- Das Spiel kann auch in Kleingruppen gespielt werden. Bei jedem Fehler wird wieder von vorne begonnen. Die Gruppe, die in einer bestimmten Zeit am weitesten kommt, ohne einen Fehler zu machen, gewinnt.

Bingo

Klassenstufe	Ab 1. Lernjahr
Kompetenzen	Die Schüler trainieren Wortschatz (Zahlen) und die Hörkompetenz.
Zeitbedarf	30 min
Material	Individuelle Bingo-Karten (vgl. Vorlage) und kleine Abdeckzettel oder Plättchen, evtl. einen Bingo-Drehkorb (dieser ist in Spielwarenabteilungen erhältlich)
Einbindung in den Unterricht	Die Zahlen von 0–30 bzw. 0–99 werden eingeübt.

ABLAUF

Jeder Teilnehmer (TN) bekommt eine Bingo-Karte und 16 Plättchen zum Abdecken (bei Spielfeld 4 × 4). Die Lehrkraft oder ein TN sagt die gezogenen Zahlen (0–30 oder 0–99) einzeln auf (am besten zweimal). Wer die passende Zahl auf seiner Karte hat, deckt sie ab. Gewonnen hat der, der am schnellsten eine Reihe zugedeckter Zahlen hat.

VARIANTEN

Die TN müssen die komplette Karte zugedeckt haben, um zu gewinnen.
Statt mit Abdeckzetteln zu arbeiten, können die Nummern auch durchgestrichen bzw. eingekreist werden.

Ejemplo:

12	7	24	78
55	35	1	92
26	47	59	8
39	18	66	51

Mi reloj

Klassenstufe	Ab 1. Lernjahr
Kompetenzen	Die Schüler trainieren Wortschatz und die Sprechkompetenz.
Zeitbedarf	15 min
Material	Arbeitsblatt, Heftklammer, Schere, evtl. Pappe und Kleber
Einbindung in den Unterricht	Die Uhrzeit wird erlernt bzw. wiederholt.

ABLAUF

Jeder TN erhält ein Arbeitsblatt mit der abgebildeten Uhr und bastelt sich eine eigene Uhr. Die Uhr kann zunächst auf Pappe aufgeklebt und anschließend quadratisch oder kreisrund ausgeschnitten werden. Die Stunden- und Minuten-Zeiger werden separat ausgeschnitten und mit der Heftklammer in der Mitte angebracht (evtl. ein Loch vorstechen). Anschließend wird die Uhrzeit eingeführt bzw. geübt. Dazu werden die vollen Stunden, dann die halben Stunden, anschließend die Viertelstunden und die Minuten erklärt.

VARIANTE

- Die Lernenden üben die Uhrzeit mithilfe von Minidialogen und stellen ihre Uhr jeweils neu ein:
  ¿Qué hora es?
  ¿A qué hora te levantas por la mañana?
  ¿A qué hora desayunas normalmente?
  ¿A qué hora tenemos clase de matemáticas?

KOPIERVORLAGE

Mi reloj

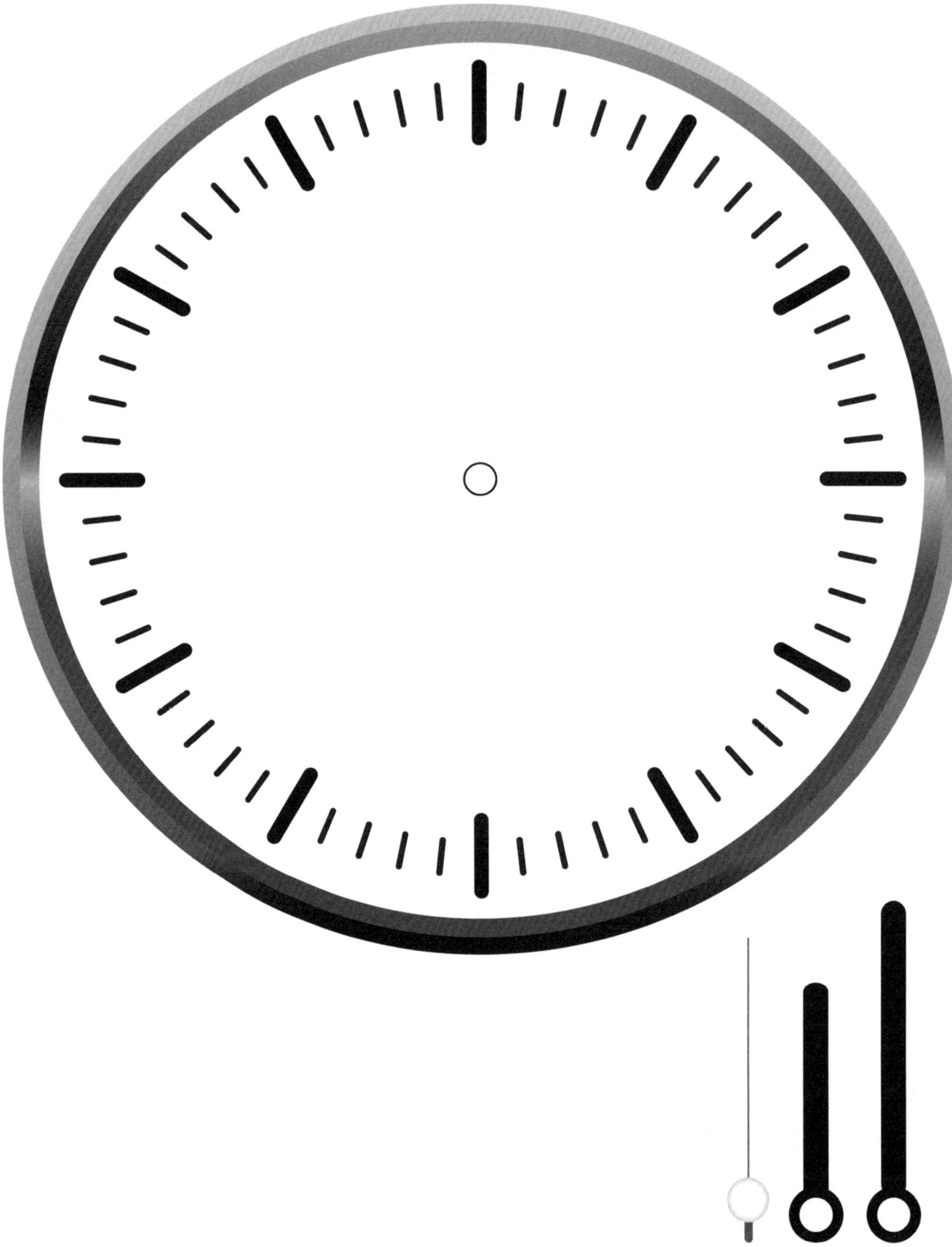

Autorin: Gina Fobbe • Jugando se aprende • Lernspiele für Spanisch • Klasse 5–10 • Grafik: shutterstock / jeedlove

Patata caliente

Klassenstufe	Ab 1. Lernjahr
Kompetenzen	Die Schüler trainieren die Zahlen und (re-)aktivieren ihre Aufmerksamkeit.
Zeitbedarf	10 min
Material	Ein weicher Ball (aus Stoff oder Gummi)
Einbindung in den Unterricht	Kurze Aktivität, um das Zahlentraining mit Bewegung zu kombinieren.

ABLAUF

- Ein Schüler steht abseits und zählt langsam auf Spanisch bis zehn.
- Wenn er fertig gezählt hat, ruft er laut „*¡Alto!*". In der Zwischenzeit werfen die anderen sich einen weichen Ball zu. Die Person, die gerade im Besitz des Balls – der „*patata caliente*" ist –, wenn der Schüler „*¡Alto!*" ruft, muss sich nun abseits hinstellen, um ebenfalls bis zehn zu zählen.

VARIANTEN

- Die Schüler, die sich den Ball zuwerfen, können dabei ebenfalls auf Spanisch zählen.
- Die Schüler, die sich den Ball zuwerfen, sagen nacheinander das spanische Alphabet auf, während der Schüler, der abseits steht, bis zehn zählt.
- Der erste Schüler zählt bis 10, der nächste bis 20, der darauffolgende bis 30 etc.

Bingo con imágenes

Klassenstufe	Ab 1. Lernjahr
Kompetenzen	Die Schüler trainieren Wortschatz und die Hörkompetenz.
Zeitbedarf	15–20 min
Material	Bingo-Karte (je eine unterschiedliche pro TN oder Kleingruppe), Plättchen zum Zudecken der ausgerufenen Illustrationen, eine Liste der Vokabeln oder Vokabeln auf Kärtchen
Einbindung in den Unterricht	Der Wortschatz der Lektion wird wiederholt und kann durch die Verbindung von Bild und Wort schneller memorisiert werden.

ABLAUF

- Jeder TN erhält eine individuelle Bilder-Bingo-Karte (4 x 4 oder 5 x 5 Bilder) und die entsprechende Anzahl an Plättchen zum Zudecken der Bilder.
- Die Lehrkraft oder ein Schüler ruft die Bilder in einer zufälligen Reihenfolge aus. Am besten werden dafür die Bezeichnung der Dinge auf den Fotos auf separate Zettel geschrieben, in einem kleinen Beutel vermischt und nacheinander gezogen.
- Jeder, der das genannte Bild auf seiner Bingo-Karte hat, deckt dieses zu. Gewonnen hat der, der eine Reihe (horizontal, vertikal oder diagonal) abgedeckt hat.

VARIANTEN

- Das Spiel endet erst, wenn ein TN alle Bilder auf der Karte abgedeckt hat.
- *Bingo con imágenes* kann auch in Kleingruppen gespielt werden. Jede Kleingruppe erhält eine Bingokarte und muss gemeinsam die genannten Bilder abdecken.

KOPIERVORLAGE

Bingo con imágenes

Ejemplos:

Autorin: Gina Fobbe • Jugando se aprende • Lernspiele für Spanisch • Klasse 5–10 • Illustrationen: Steffen Jähde

KOPIERVORLAGE

Autorin: Gina Fobbe • Jugando se aprende • Lernspiele für Spanisch • Klasse 5–10 • Illustrationen: Steffen Jähde

¿Qué hay en mi estuche?

Klassenstufe	Ab 1. Lernjahr
Kompetenzen	Die Schüler trainieren Wortschatz, die Schreibkompetenz und die Sprechkompetenz.
Zeitbedarf	10–15 min
Material	Buntstifte, Vokabelheft
Einbindung in den Unterricht	Das eigene Schulmaterial wird benannt und anschließend werden Dialoge geführt.

ABLAUF

- Jeder TN schaut sich den Inhalt seines Federmäppchens genau an, malt die Gegenstände in sein Vokabelheft ab und benennt sie auf Spanisch – die Zeit kann gestoppt werden.
- Die TN erstellen anschließend Minidialoge zu zweit. Sie fragen sich gegenseitig nach den Gegenständen und bitten den anderen, ihm diesen oder jenen Gegenstand zu leihen:
  ¿Qué hay en tu estuche?
  ¿Tienes un bolígrafo rojo?
  ¿Me prestas tu goma blanca, por favor?

VARIANTE

- Die Übung kann mit dem Inhalt des gesamten Schulranzens gemacht werden.

KOPIERVORLAGE

Vocabulario útil: ¿Qué hay en mi estuche?

la goma
la regla
el lápiz
el bolígrafo
el sacapuntas
el marcador
unas monedas
un elástico
un clip/la pinza

blanco/-a
negro/-a
azul
verde
rojo/-a
amarillo/-a
rosa
morado/-a
de madera

Autorin: Gina Fobbe • Jugando se aprende • Lernspiele für Spanisch • Klasse 5–10 • Illustrationen: Steffen Jähde

Me acuerdo

Klassenstufe	Ab 1. Lernjahr
Kompetenzen	Die Schüler trainieren Wortschatz, die Sprechkompetenz und die Merkfähigkeit.
Zeitbedarf	ca. 15–20 min
Material	Spielkarten, etwa 15 × 2 pro Kleingruppe (2–4 TN)
Einbindung in den Unterricht	Es werden die Vokabeln der jeweiligen Lektion geübt, die sich in Form von Bildern gut darstellen lassen.

ABLAUF

- Die Kopiervorlage wird zweifach kopiert und den TN zur Verfügung gestellt. Jedes Bild gibt es doppelt.
- Die Karten werden mit dem Gesicht nach unten auf den Tisch gelegt – in Reihen, damit sie einfacher zu merken sind.
- Jeder Spieler hebt abwechselnd zwei Karten auf, schaut sie an bzw. zeigt sie den anderen, nennt die Gegenstände und dreht sie wieder um.
- Wer ein Paar hat, kann die Karten behalten.
- Es gewinnt die Person, die am Ende die meisten Karten vorweisen kann.

VARIANTE

- Die Schüler können allein, zu zweit oder in Kleingruppen ihr eigenes Gedächtnisspiel entwerfen. Sie zeichnen Vokabeln der jeweiligen Lektion oder suchen entsprechende Bilder in Zeitschriften oder im Internet.
- Anschließend spielen sie das selbst entworfene Spiel mit ihren Mitschülern.

KOPIERVORLAGE

Me acuerdo

Ejemplo:

Autorin: Gina Fobbe • Jugando se aprende • Lernspiele für Spanisch • Klasse 5–10 • Illustrationen: Steffen Jähde

Hago mi maleta

Klassenstufe	Ab 1. Lernjahr
Kompetenzen	Die Schüler trainieren Wortschatz und die Sprechkompetenz.
Zeitbedarf	10 min pro Runde
Material	Evtl. einen Wortschatzkasten mit Vokabeln zum Wortfeld „Reise“
Einbindung in den Unterricht	Wortschatz, der zum Wortfeld „Reise“ gehört, wird geübt und gefestigt.

ABLAUF

- Zunächst wird das Thema bzw. das Reiseziel genannt, z. B.:
  Hoy es el primero de agosto. Nos vamos dos semanas a la Costa Brava en España. ¿Qué necesitamos? Vamos a hacer nuestra maleta.
- Der erste TN sagt:
  Yo hago mi maleta y me llevo un bañador.
- Der nächste wiederholt den Satz und fügt einen weiteren Gegenstand oder ein Kleidungsstück hinzu.
- Gewinner ist derjenige, der die längste Kette fehlerlos aufsagen kann.

Ejemplo:
TN 1: ***Yo hago mi maleta y me llevo un bañador.***
TN 2: *Yo hago mi maleta y me llevo un bañador* ***y una toalla.***
TN 3: *Yo hago mi maleta y me llevo un bañador, una toalla* ***y unas gafas de sol.***
TN 4: *Yo hago mi maleta y me llevo un bañador, una toalla, unas gafas de sol* ***y un pijama.*** …

VARIANTE

- Die Lehrkraft macht mit und fügt schwierige Begriffe hinzu, etwa *„una sartén para hacer la paella“.*

La casa de Juan

Klassenstufe	Ab 1. Lernjahr
Kompetenzen	Die Schüler trainieren Wortschatz und die Sprechkompetenz.
Zeitbedarf	10 min
Material	Arbeitsblatt
Einbindung in den Unterricht	Wortschatz, der zum Wortfeld „Haus bzw. Wohnung" gehört, wird geübt und gefestigt.

ABLAUF

- Die TN erhalten das Arbeitsblatt mit der Illustration eines Hauses.
- Die Lehrkraft erklärt: *Esa es la casa de Juan. ¿Cómo es? ¿Qué tiene la casa de Juan?*
- Das Haus von Juan wird nun im Detail beschrieben.
- Der erste Spieler beginnt mit den Worten *„Esa es la casa de Juan. Tiene un balcón."*
- Der nächste TN wiederholt den Satz und ergänzt ihn (ähnlich wie beim Spiel *„Hago mi maleta"*).

Ejemplo:
TN 1: ***Esa es la casa de Juan. Tiene un balcón.***
TN 2: *Esa es la casa de Juan. Tiene un balcón* ***y una ventana.***
TN 3: *Esa es la casa de Juan. Tiene un balcón, una ventana* ***y unas escaleras.***
...

VARIANTE

- Die TN können Dinge nennen, die auf dem Bild nicht zu sehen sind: *Esa es la casa de Juan. No hay flores.* Diese Ergänzungen werden dann hinzugefügt bzw. hinzugemalt.

KOPIERVORLAGE

La casa de Juan

Autorin: Gina Fobbe • Jugando se aprende • Lernspiele für Spanisch • Klasse 5–10 • Illustration: Antje Kahl

La red y el ordenador

Klassenstufe	Ab 1. Lernjahr
Kompetenzen	Die Schüler trainieren Wortschatz.
Zeitbedarf	15 min
Material	Arbeitsblatt, evtl. Wörterbücher
Einbindung in den Unterricht	Wortschatz, der zum Wortfeld „Computer und Internet" gehört, wird geübt und gefestigt.

ABLAUF

- Jeder TN erhält ein Arbeitsblatt mit den Vokabeln und den Zeichnungen zum Thema „Computer und Internet".
- Die Schüler schneiden die Bilder und die Wörter aus und müssen dann möglichst schnell das jeweilige Wort mit dem passenden Bild verknüpfen.
- Wer als erster alle Zeichnungen den richtigen Begriffen zugeordnet hat, hat gewonnen.
- Dass es um Schnelligkeit geht, verraten Sie am besten erst, wenn die Kärtchen bereits ausgeschnitten wurden.

VARIANTE

- Die TN können aus den ausgeschnittenen Kärtchen anschließend Memorykarten basteln oder Vokabelkärtchen erstellen und sich gegenseitig abfragen.

KOPIERVORLAGE

La red y el ordenador

la cámara web		el correo electrónico	
	el ratón		los altavoces
	el teclado		los cascos
añadir		la pantalla	
	la memoria USB		el ordenador
la papelera		imprimir	

Autorin: Gina Fobbe • Jugando se aprende • Lernspiele für Spanisch • Klasse 5–10 •
Grafiken: shutterstock / Macrovector (Lautsprecher, Kopfhörer, Webcam, Bildschirm, USB-Stick, Tastatur, Maus, Rechner) und shutterstock / philia (Papierkorb, Briefsymbol, Heftklammer, Drucker)

Frutas y colores

Klassenstufe	Ab 1. Lernjahr
Kompetenzen	Die Schüler trainieren Wortschatz und die Sprechkompetenz.
Zeitbedarf	15 min
Material	Arbeitsblatt, Buntstifte oder Filzstifte, evtl. Wörterbücher
Einbindung in den Unterricht	Farben und das Wortfeld „Obst und Gemüse“ werden geübt und Einkaufsdialoge gespielt.

ABLAUF

- Jeder TN erhält ein Arbeitsblatt und hält Buntstifte bereit. Die Schüler arbeiten in Zweiergruppen und fragen sich gegenseitig nach dem Obst und Gemüse auf dem Arbeitsblatt:
  A: *¿Qué es?*
  B: *Es una manzana.*
  A: *¿De qué color es?*
  B: *Es verde.*
- Die Schüler malen das Obst und Gemüse entsprechend an.
  B: *¿Qué son?*
  A: *Son tomates.*
  B: *¿De qué color son?*
  A: ...
- Nach dem Kolorieren spielen die Schüler Markthändler und Einkäufer. Sie erfinden kurze Einkaufsdialoge, verlangen nach verschiedenen Obst- und Gemüsesorten, bitten um unterschiedliche Mengen, etc. Der Verkäufer bietet ihnen an zu kosten, wiegt das Obst und Gemüse ab und nennt den Preis.

KOPIERVORLAGE

Frutas y colores

Vocabulario útil: En el mercado

¿En qué le puedo ayudar?
Necesito un kilo / medio kilo / 250 gramos de ...
¿Cuánto cuesta/n ...?
250 gramos cuestan ...
¿Algo más?
¿Quiere probar?
Son ... euros en total.
Muchas gracias.

Autorin: Gina Fobbe • Jugando se aprende • Lernspiele für Spanisch • Klasse 5–10 • Illustration: shutterstock / Bannykh Alexey Vladimirovich

El suplente

Klassenstufe	Ab 1. Lernjahr
Kompetenzen	Die Schüler trainieren Wortschatz und die Sprechkompetenz.
Zeitbedarf	30 min
Material	Kärtchen oder kleine Zettel, das Lehrbuch
Einbindung in den Unterricht	Begriffe werden umschrieben und der Wortschatz der Lektion wird vertieft.

ABLAUF

- Jeder TN schreibt eine Vokabel aus dem Buch / der Lektion, die im Anschluss erraten werden soll, auf einen kleinen Zettel.
- Es werden 3 bis 4 weitere Wörter dazugeschrieben, die nicht bei der Umschreibung des zu erratenden Begriffes verwendet werden dürfen.
- Die Zettel werden gemischt, ein TN zieht den ersten Zettel.
- Dieser muss nun die Vokabel so lange umschreiben, ohne die Begriffe auf dem Zettel zu verwenden, bis die anderen TN erraten, um welches Wort es sich handelt, z. B.:
  A: *Es una comida muy conocida de la región de Valencia, con arroz y azafrán, se cocina en una sartén con pollo o mariscos.*
  B: *¿Es la paella?*
  A: *Correcto.*
- Der TN, der den Begriff erraten hat, erhält einen Punkt und umschreibt das nächste Wort.

VARIANTEN

- Man kann sich auch auf den Hauptbegriff, der beschrieben werden soll, beschränken und keine weiteren Wörter auf dem Zettel vermerken. Dann fällt den TN die Definition leichter.
- Ebenso kann man sich auf eine bestimmte Wortart einigen, etwa Verben oder Substantive.
- Eine große Gruppe könnte auch in zwei Teams eingeteilt werden. Es darf immer nur das eigene Team raten und Punkte sammeln.

VARIANTE „ACTIVIDAD“

- Bei der Variante „Actividad“ zieht man einen Zettel und wirft dann einen Würfel. Würfelt man die 1 oder 2, muss man den Begriff umschreiben. Wirft man die 3 oder 4, muss man den Begriff zeichnen. Bei der 5 oder 6 wird das Wort pantomimisch, mit Mimik und Gestik dargestellt.

Tortilla española

Klassenstufe	Ab 1. Lernjahr
Kompetenzen	Die Schüler trainieren Wortschatz und die Schreibkompetenz. Auch Grammatik (Pluralbildung und Konjugation der Verben) wird wiederholt.
Zeitbedarf	15 min (3 × 5 Minuten)
Material	Einen Zettel oder eine Heftseite für jeden TN
Einbindung in den Unterricht	Bekannte Wörter werden aus einem vorgegebenen Buchstabenpool gebildet, die Konjugation der Verben und die Pluralbildung werden dabei trainiert.

ABLAUF

- Jeder TN nimmt sich einen leeren Zettel.
- Die Lehrkraft schreibt ein langes oder auch ein zusammengesetztes Wort an die Tafel.
- Aus den vorhandenen Buchstaben sollen möglichst viele neue Wörter gebildet werden.
- Jeder Buchstabe darf nur so oft verwendet werden, wie er auch in dem vorgegebenen Wort / den vorgegebenen Wörtern vorhanden ist.
- Die TN haben genau 5 Minuten Zeit.
- Der TN, der die längste Liste mit korrekten Vokabeln/Begriffen hat, gewinnt.
- Er stellt seine Wörter vor und diese müssen überprüft bzw. korrigiert werden.
- Zu Beginn sollte außerdem geklärt werden, ob auch Namen zulässig sind. Alle Beugungen gelten als korrekt.

Beispiel: TORTILLA ESPAÑOLA
Mögliche Wörter: *torta, alto, alta, roto, rota, isla, pata, ola, uño, años, ala, alas, el, la, los, las, pillar, arte, silla, solo, sola, rol, rata, pitar, seta, señal, señalar …*

Mit „DON QUIJOTE DE LA MANCHA" lassen sich ebenfalls viele Wörter bilden.

¡Alto!

Klassenstufe	Ab 2. Lernjahr
Kompetenzen	Die Schüler trainieren Wortschatz und die Schreibkompetenz.
Zeitbedarf	10 × 2 min
Material	Arbeitsblatt (evtl. auf Folie), ein Blatt Papier oder eine Heftseite für jeden TN
Einbindung in den Unterricht	Möglichst viele Vokabeln werden (re-)aktiviert.

ABLAUF

- Die Lehrkraft legt eine Folie mit den möglichen Kategorien auf einen Overheadprojektor, schreibt sie an die Tafel oder teilt das Arbeitsblatt aus.
- Eine Kategorie wird ausgewählt (A, B, C oder D).
- Ein Schüler sagt stumm im Kopf das Alphabet auf und ein weiterer Schuler ruft plötzlich *¡Alto!*. Der Buchstabe, der zu dem Zeitpunkt an der Reihe ist, wird allen mitgeteilt.
- Nun haben die Schüler genau zwei Minuten Zeit, mit dem Buchstaben zu den sechs Themen der vorgegebenen Kategorie jeweils ein Wort aufzuschreiben.
- Bei der nächsten Runde wird eine andere Kategorie ausgewählt und ein neuer Buchstabe bestimmt.
- Dieses Spiel kann sowohl einzeln, in Partnerarbeit oder in Gruppen gespielt werden.
- Die Person bzw. die Gruppe, die am meisten Wörter richtig hat, gewinnt.

VARIANTEN

- Auch als Mannschaftsspiel denkbar: Alle TN stehen vor der Tafel, z. B. *equipo puerta* rechts und *equipo ventana* links an der Tafel. So können die gefundenen Wörter anschließend direkt an der Tafel geprüft werden.
- Statt ein Zeitlimit vorzugeben, kann auch so lange gespielt werden, bis eine Gruppe zu allen sechs Themen einer Kategorie ein passendes Wort gefunden hat.

KOPIERVORLAGE

¡Alto!

Categorías:

A	**B**
1 nombres de chicas	1 personas famosas
2 cosas de verano	2 nombres de chicos
3 cosas de invierno	3 comida
4 material escolar	4 colores
5 muebles	5 cosas de Navidad
6 ropa	6 en la piscina
C	**D**
1 en el mar	1 capitales de países
2 títulos de películas	2 ríos
3 frutas	3 marcas de coche
4 verduras	4 elementos químicos
5 en la cocina	5 dulces
6 religiones del mundo	6 países

Autorin: Gina Fobbe • Jugando se aprende • Lernspiele für Spanisch • Klasse 5–10

Falta la primera sílaba

Klassenstufe	Ab 2. Lernjahr
Kompetenzen	Die Schüler trainieren Wortschatz. Sie setzen sich mit der Struktur und dem Aufbau von Wörtern auseinander.
Zeitbedarf	10 min für das Arbeitsblatt
Material	Arbeitsblatt, Wörterbücher (ein- oder zweisprachig)
Einbindung in den Unterricht	Diese Übung eignet sich, um bestimmten Wortschatz zu trainieren und sich den Aufbau der zu erlernenden Wörter bewusst zu machen.

ABLAUF

Die TN arbeiten zu zweit. Sie erhalten ein Arbeitsblatt und versuchen, die fehlenden ersten Silben zu finden. Dafür haben sie 10 Minuten Zeit. Danach werden die Lösungen verglichen.
Im Anschluss arbeiten die Schüler mit einem Wörterbuch und sammeln bekannte Wörter mit denselben ersten Silben. Sie erstellen zu zweit ein neues Arbeitsblatt und tauschen sie mit einer anderen Zweiergruppe. Sie lösen das Arbeitsblatt und erhalten anschließend die Lösung.

KOPIERVORLAGE

Falta la primera sílaba

A las palabras de cada línea les falta la misma primera sílaba. ¿Cuál es?

1. ______mohada – ______morzar – ______cázar
2. ______posición – ______perimentar – ______clamación
3. ______ayunar – ______cargar – ______pertarse
4. ______marino – ______terráneo – ______rayar – ______título
5. ______firmar – ______traer – ______compañar
6. ______correr – ______portaje – ______coger – ______petir

Solución: 1 al-, 2 ex-, 3 des-, 4 sub-, 5 a-, 6 re-

La cadena más larga

Klassenstufe	Ab 1. Lernjahr
Kompetenzen	Die Schüler trainieren Wortschatz, die Merkfähigkeit und die Sprechkompetenz.
Zeitbedarf	5–15 min (je nach Kategorie)
Material	—
Einbindung in den Unterricht	Die Schüler sammeln Wortschatz zu einem bestimmten Thema und memorisieren ihn.

ABLAUF

- Es werden Kleingruppen gebildet.
- Die TN bekommen eine Kategorie und ein Zeitlimit vorgegeben.
- Die Kategorie sollte sich nach dem Thema der gerade behandelten Lektion richten, z. B. Adjektive für Personenbeschreibungen, Farbadjektive, Nahrungsmittel, Tiere etc.
- Jede Gruppe versucht, möglichst viele Wörter dieser Kategorie in der vorgegebenen Zeit aufzuschreiben.
- Sobald die Zeit abgelaufen ist, nennen die Gruppen die Anzahl der notierten Wörter.
- Die Gruppe mit den meisten Wörtern beginnt: Die TN drehen den Zettel mit den aufgeschriebenen Wörtern um und versuchen aus dem Gedächtnis nacheinander die gefundenen Wörter aufzuzählen.
- Danach sind die anderen Gruppen an der Reihe, sie haben natürlich den Vorteil, bei der ersten Gruppe neue Wörter aufzuschnappen.

VARIANTE

- Jede Gruppe erhält eine eigene Kategorie. Die Gruppe, deren Teilnehmer am Ende am meisten Wörter nacheinander aus dem Gedächtnis aufsagen kann, gewinnt.

El detective

Klassenstufe	Ab 1. Lernjahr
Kompetenzen	Die Schüler trainieren Wortschatz und die Schreibkompetenz (bzw. die Überprüfung der richtigen Schreibweise).
Zeitbedarf	15 min
Material	Arbeitsblatt
Einbindung in den Unterricht	Wörter der jeweiligen Lektion werden gelernt, indem sie von den Schülern korrigiert werden.

ABLAUF

- Die TN arbeiten in Zweiergruppen und treten innerhalb der jeweiligen Zweiergruppen gegeneinander an.
- Jede Gruppe erhält ein Arbeitsblatt (dieses können Sie auch mit Wörtern des jeweiligen Lernwortschatz neu erstellen) und müssen sich als gute Detektive auf die Suche nach den Fehlern machen.
- Der TN, der auf dem Arbeitsblatt am meisten Fehler findet, gewinnt.
- Insgesamt gibt es 22 Fehler zu entdecken.

VARIANTE

- Die Zweiergruppen treten gegeneinander an. Die Gruppe, die als erste alle Wörter richtig korrigiert hat, gewinnt.

KOPIERVORLAGE

El detective

Hay uno o más errores en cada palabra, ¡búscalos!

la caretera ______________________

la pizzarra ______________________

el cuderno ______________________

el móvill ______________________

la libería ______________________

el ordenator ______________________

el telefon ______________________

el projector ______________________

el vulcán ______________________

la muchila ______________________

la felisidad ______________________

la ventanna ______________________

la messa ______________________

la escuala ______________________

el collegio ______________________

la targeta ______________________

el edifiio ______________________

el automovilo ______________________

la lámparra ______________________

el proffesor ______________________

Solución:

la carretera, la pizarra, el cuaderno, el móvil
la librería, el ordenador, el teléfono, el proyector
el volcán, la mochila, la felicidad, la ventana
la mesa, la escuela, el colegio, la tarjeta
el edificio, el automóvil, la lámpara, el profesor

Autorin: Gina Fobbe • Jugando se aprende • Lernspiele für Spanisch • Klasse 5–10 • Illustration: Kristina Klotz

¿Qué escribo?

Klassenstufe	Ab 1. Lernjahr
Kompetenzen	Die Schüler trainieren Wortschatz und die Schreibkompetenz.
Zeitbedarf	10 min
Material	Evtl. eine Liste mit den neuen Vokabeln der Lektion
Einbindung in den Unterricht	Der jeweils neue Wortschatz wird vertieft.

ABLAUF

- Die TN arbeiten zu zweit.
- Einer schreibt dem anderen mit dem Finger ein Wort auf den Rücken. Dieser muss erraten bzw. erkennen, um welches Wort es sich handelt.
- Man sollte sich vorher auf einen bestimmten Wortschatz einigen, z. B. alle Wörter/Substantive der Lektion 5.
- Errät der TN, welches Wort ihm auf den Rücken geschrieben wurde, bekommt er einen Punkt und darf nun seinem Mitschüler / seiner Mitschülerin ein Wort auf den Rücken schreiben.
- Meist sind die Schüler sehr entspannt nach dieser „Rückenmassage“, die positive Gefühle hervorruft.

VARIANTEN

- Es können auch mehrere Wörter oder ganze Sätze geschrieben werden.
- Man kann auch ein Verb im Infinitiv vorgeben, dies in konjugierter Form auf den Rücken schreiben und der TN muss die Verbform erraten bzw. erkennen.

Los correos secretos

Klassenstufe	Ab 1. Lernjahr
Kompetenzen	Die Schüler trainieren Wortschatz, die Sprechkompetenz und die Artikulation.
Zeitbedarf	10 min
Material	—
Einbindung in den Unterricht	Der Wortschatz der Lektion wird wiederholt.

ABLAUF

- Die TN setzen sich in einen großen Kreis.
- Der erste TN flüstert seinem rechten Nachbarn ein Wort ins Ohr, die deutliche Aussprache ist dabei sehr wichtig.
- Dieser gibt es an den nächsten weiter usw., bis alle einmal das Wort weitergegeben haben.
- Dann spricht der letzte TN das Wort laut aus und es wird mit dem Wort verglichen, dass der erste TN „losgeschickt" hatte.
- Das Spiel macht Spaß und zwingt die Schüler zur sauberen Aussprache und korrekten Artikulation.

VARIANTEN

- Man bildet Gruppen von etwa acht Schülern, diese setzen sich jeweils in einen Kreis und flüstern sich ganze Sätze zu.
- Vorstellbar ist auch, einen Fehler in einen Satz einzubauen, der herausgehört werden muss.

Sílabas con palmadas

Klassenstufe	Ab 1. Lernjahr
Kompetenzen	Die Schüler trainieren Wortschatz und setzen sich mit dem Aufbau von Wörtern auseinander.
Zeitbedarf	10 min
Material	Evtl. Wörterbücher
Einbindung in den Unterricht	Das Zerlegen von Wörtern in Silben wird geübt und der Wortschatz der Lektion wird trainiert.

ABLAUF

- Die Lehrkraft legt zunächst einen bestimmten Pool an Wörtern fest, z. B. die Vokabeln der Lektion 5.
- Ein TN beginnt, er/sie sucht sich ein Wort aus, sagt die erste Silbe und klatscht die Anzahl der restlichen Silben:
  habitación – ha / klatschen / klatschen / klatschen
  trabajar – tra / klatschen / klatschen
  experimentar – ex / klatschen / klatschen / klatschen / klatschen
- Die anderen versuchen, das Wort zu erraten.
- Wenn es ihnen nicht gelingt, sagt der Klatschende die ersten zwei Silben, dann drei Silben usw.
- Der TN, der das Wort errät, darf sich das nächste Wort aussuchen und es vormachen.

VARIANTE

- Um nicht nur das Zerlegen der Wörter in Silben, sondern gleichzeitig die Betonung von Wörtern zu trainieren, kann eine zusätzliche Aufgabe eingebaut werden. Die erste Silbe wird ausgesprochen, die folgenden geklatscht und die betonte Silbe des Wortes durch ein Stampfen auf den Boden hervorgehoben:
  habitación – ha / klatschen / klatschen / klatschen + stampfen

El ratón en la casa

Klassenstufe	Ab 1. Lernjahr
Kompetenzen	Die Schüler trainieren Wortschatz und die Sprechkompetenz.
Zeitbedarf	10 min
Material	Arbeitsblatt, Buntstifte, ein leeres Blatt
Einbindung in den Unterricht	Präpositionen und das Wortfeld „Wohnen/Möbel" werden geübt.

ABLAUF

- Jeder TN zeichnet auf ein Blatt Papier ein großes Haus mit verschiedenen Zimmern und Möbeln.
- Dann versteckt er acht Mäuse in seinem Haus: unter dem Bett, hinter der Tür, im Garten etc.
- Die TN bilden Zweiergruppen und tauschen ihre Zeichnungen untereinander aus. Sie fragen sich gegenseitig: *¿Dónde están los ratones?*.
- Die TN suchen die acht Mäuse und bilden Sätze wie:
  Un ratón está en el salón, al lado del sofá.
  Otro ratón está en el baño, en la ducha.
- So wiederholen die TN spielerisch die Präpositionen und den Wortschatz zum Thema „Wohnen".

VARIANTE

- Es besteht auch die Möglichkeit, acht Mäuse aus Papier zu basteln und auf die Zeichnung zu legen. Auf die Weise kann das Spiel mehrfach gespielt werden.
- Um Zeit zu sparen, können die TN auch ein Arbeitsblatt mit einem bereits gezeichneten Haus erhalten (s. KV 9 *La casa de Juan*) und dort die Mäuse einzeichnen bzw. verstecken.

KOPIERVORLAGE

El ratón en la casa

Vocabulario útil: ¿Dónde está el ratón?

El ratón está delante de / en / dentro / al lado de / encima de / enfrente de la casa.

El ratón está debajo de la mesa / de la silla / del sofá.

El ratón está detrás de / delante de / al lado de la puerta.

las habitaciones	**los muebles**	**las preposiciones**
el salón	el sofá	delante de
el baño	la estantería	encima de
el dormitorio	la mesa	al lado de
la cocina	la silla	enfrente de
	el sillón	debajo de
el jardín		detrás de
el balcón		

Mis dragones

Klassenstufe	Ab 1. Lernjahr
Kompetenzen	Die Schüler trainieren Wortschatz, die Schreib- sowie die Sprechkompetenz und die Grammatikkompetenz (hier die Angleichung des Adjektivs an das Nomen).
Zeitbedarf	15 min
Material	Arbeitsblatt und Buntstifte
Einbindung in den Unterricht	Aussehen und Eigenschaften werden beschrieben.

ABLAUF

- Jeder TN erhält ein Arbeitsblatt und zeichnet zwei verschiedene Drachen in die dafür vorgesehenen Felder. Die TN sollten darauf hingewiesen werden, dass sie sowohl *dragones* als auch *dragonas* erfinden können. So trainieren sie die Angleichung der Adjektive.
- Die TN überlegen sich passende Adjektive für die Drachen und füllt das Arbeitsblatt aus.
- Danach bilden die TN Zweiergruppen und beschreiben sich gegenseitig einen ihrer Drachen.
- Sie zeichnen den Drachen nach, ohne das Arbeitsblatt des Partners / der Partnerin zu sehen.
- Anschließend werden die Drachen miteinander verglichen.

VARIANTE

- Die TN zeichnen einen guten und einen bösen Drachen und vergleichen ihre beiden Drachen miteinander.

Illustration: shutterstock / Tartila

KOPIERVORLAGE

Mis dragones

Dragón 1	Dragón 2
Dibuja aquí un dragón.	Dibuja aquí otro dragón.
¿Cómo se llama este dragón? ____________________	¿Cómo se llama este dragón? ____________________
¿Cuáles son los adjetivos que mejor caracterizan a tu dragón? Apunta tres. *Mi dragón es* ________________ ____________________ *y* ____________________	¿Cuáles son los adjetivos que mejor caracterizan a tu dragón? Apunta tres. *Mi dragón es* ________________ ____________________ *y* ____________________
¿Cuáles son los defectos de tu dragón? ____________________	¿Cuáles son los defectos de tu dragón? ____________________
Termina las frases. *Mi dragón sabe* ____________ *Mi dragón no sabe* ____________ *Tiene miedo de* ____________ *Mi dragón quiere* ____________	Termina las frases. *Mi dragón sabe* ____________ *Mi dragón no sabe* ____________ *Tiene miedo de* ____________ *Mi dragón quiere* ____________
Describe a tu dragón físicamente. ¿Cómo es? ____________________ ____________________ ____________________	Describe a tu dragón físicamente. ¿Cómo es? ____________________ ____________________ ____________________

Autorin: Gina Fobbe • Jugando se aprende • Lernspiele für Spanisch • Klasse 5–10 • Illustration: shutterstock/Tartila

¡Qué fanfarrón!

Klassenstufe	Ab 1. Lernjahr
Kompetenzen	Die Schüler trainieren Grammatik, die Schreib- und die Sprechkompetenz.
Zeitbedarf	15 min
Material	Evtl. bunte Zettel
Einbindung in den Unterricht	Der Komparativ und der Superlativ werden wiederholt.

ABLAUF

- Die Schüler bilden Zweiergruppen.
- Sie sollen Vergleiche anstellen, die sowohl Gegenstände als auch sich selbst betreffen können:
  Mi lápiz es más largo que el tuyo.
  Soy más alto/-a que tú.
  Mi mochila es más pesada que la tuya.
- Immer abwechselnd versuchen sie, einen Satz mit dem Komparativ oder Superlativ zu bilden.
- Es werden so lange Dinge verglichen, bis die Lehrkraft *¡Alto!* ruft.
- Dann entscheidet jede Zweiergruppe, wer von ihnen der größere „Angeber“ ist.
- Dieser tritt anschließend gegen den größeren „Angeber“ der benachbarten Zweiergruppe an.

VARIANTE

- Die TN stellen anschließend die lustigsten Vergleiche der Klasse vor.
  Diese können auch auf bunte Zettel geschrieben und im Klassenzimmer aufgehängt werden.

¿Cómo eres y cómo estás?

Klassenstufe	Ab 1. Lernjahr
Kompetenzen	Die Schüler trainieren Wortschatz und Grammatik. Die Sprechkompetenz wird ebenfalls trainiert.
Zeitbedarf	15 min
Material	Arbeitsblatt, Würfel und Spielfiguren
Einbindung in den Unterricht	Die Verwendung von *ser* und *estar* wird wiederholt.

ABLAUF

- Die Schüler bilden Kleingruppen und erhalten ein Spielbrett bzw. ein Arbeitsblatt und einen Würfel pro Gruppe. Außerdem benötigen sie eine Spielfigur pro Spieler.
- Die TN beginnen bei „SALIDA", würfeln abwechselnd und ziehen dementsprechend ihre Spielfigur.
- Gelangen sie auf einem Feld, auf dem SER oder ESTAR steht, müssen sie sich einen Satz mit dem entsprechenden Verb ausdenken.
- Gelangen sie auf ein Feld mit „~ + X", müssen sie SER oder ESTAR hinzufügen.
- Haben sie die Aufgabe richtig gelöst, gehen sie ein Feld weiter.
- Wer als erste/r bei LLEGADA ankommt, hat gewonnen.

KOPIERVORLAGE

¿Cómo eres y cómo estás?

SALIDA	~ alemana.	SER	~ contento.	~ bien.	SER
~ cansado.	~ profesor.	ESTAR	~ de acuerdo.	SER	~ italiano.
~ tu madre.	ESTAR	~ enfadado.	ESTAR	~ triste.	~ de Lima.
SER	~ en Lima.	ESTAR	~ español.	~ de pie.	SER
~ hablando contigo.	~ francés.	~ despierto.	~ muy bien.	SER	~ muy guapa hoy.
~ tu hijo.	SER	~ preparado.	~ enfermo.	~ tímido.	ESTAR
ESTAR	~ cocinero.	~ en París.	~ tu amiga.	~ en el colegio.	**LLEGADA**

Solución:

SALIDA	Soy alemana.	Individuelle Lösung	Estoy contento.	Estoy bien.	Individuelle Lösung
Estoy cansado.	Soy profesor.	Individuelle Lösung	Estoy de acuerdo.	Individuelle Lösung	Soy italiano.
Soy tu madre.	Individuelle Lösung	Estoy enfadado.	Individuelle Lösung	Estoy triste.	Soy de Lima.
Individuelle Lösung	Estoy en Lima.	Individuelle Lösung	Soy español.	Estoy de pie.	Individuelle Lösung
Estoy hablando contigo.	Soy francés.	Estoy despierto.	Estoy muy bien.	Individuelle Lösung	Estoy/Estás muy guapa hoy.
Soy tu hijo.	Individuelle Lösung	Estoy preparado.	Estoy enfermo.	Soy tímido.	Individuelle Lösung
Individuelle Lösung	Soy cocinero.	Estoy en París.	Soy tu amiga.	Estoy en el colegio.	**LLEGADA**

La rana Rita

Klassenstufe	Ab 1. Lernjahr
Kompetenzen	Die Schüler trainieren die Sprechkompetenz und die Grammatik (Konjugation der Verben).
Zeitbedarf	15 min
Material	Arbeitsblatt, Würfel und Spielfiguren
Einbindung in den Unterricht	Die Konjugation von Verben wird geübt, das Spiel ist für verschiedene Zeitformen anwendbar.

ABLAUF

- Die Schüler bilden Kleingruppen und erhalten ein Spielbrett bzw. ein Arbeitsblatt und einen Würfel pro Gruppe. Außerdem benötigen sie eine Spielfigur pro Spieler.
- Die TN beginnen bei „SALIDA“, würfeln abwechselnd und ziehen dementsprechend ihre Spielfigur.
- Sie konjugieren das Verb im vorgegebenen Tempus (Präsens, Perfekt, Subjuntivo Präsens, ...).
- Wurde das Verb richtig konjugiert, gehen sie auf das nächste Aufgabenfeld.
- Landen sie auf einem Frosch, müssen sie eine Runde aussetzen.

VARIANTEN

- Man kann auch die Verben komplett durchkonjugieren lassen.
- Die Schüler gestalten allein oder in Gruppen ein Spielbrett mit eigenen Zeichnungen und verschiedenen Verben. Sie spielen es anschließend gemeinsam.

KOPIERVORLAGE

La rana Rita

SALIDA	(él) saber	(nosotros) hablar		(usted) venir	(tú) bailar
(yo) dormir	(vosotros) tener	(ustedes) ser		(ella) sentir	
	(vosotras) venir	(tú) beber	(yo) soñar	(ustedes) estar	(nosotros) preguntar
(nosotros) hacer		(ella) hablar	(vosotros) ir	(tú) empezar	(él) contar
(él) venir	(ellos) ducharse	(tú) oír	(usted) hablar		(ellos) divertirse
	(vosotros) querer		(ustedes) ir	(él) comer	(ellas) despertarse
(tú) comenzar	(ellas) cantar	(yo) leer	(nosotros) comenzar	(vosotros) beber	
(yo) ofrecer		(ellas) sentarse	(ustedes) tener	(ustedes) saber	(yo) entender
(vosotros) poner	(usted) decir	(ella) querer	(yo) recordar		(tú) hacer
LLEGADA	(ella) ir		(tú) ganar	(ellos) llorar	

Autorin: Gina Fobbe • Jugando se aprende • Lernspiele für Spanisch • Klasse 5–10 • Illustration: Steffen Jähde

Cristóbal Colón

Klassenstufe	Ab 3. Lernjahr
Kompetenzen	Die Schüler trainieren die Sprechkompetenz und verschiedene Grammatikthemen.
Zeitbedarf	15 min
Material	Arbeitsblatt, Würfel und Spielfiguren
Einbindung in den Unterricht	Der *presente de subjuntivo*, das *futuro simple*, das *indefinido* und die Bedingungssätze werden wiederholt und müssen bereits bekannt sein.

ABLAUF

- Die Schüler bilden Kleingruppen und erhalten ein Spielbrett bzw. ein Arbeitsblatt und einen Würfel pro Gruppe. Außerdem benötigen sie eine Spielfigur pro Spieler.
- Die TN beginnen beim Schiff, würfeln abwechselnd und ziehen dementsprechend ihre Spielfigur. Dann lösen sie die Aufgabe.
- Ein TN kann als Spielleiter eingesetzt werden und erhält die Lösungen zur Kontrolle.
- Ist die Lösung richtig, geht der TN ein Kästchen weiter, ist die Lösung falsch, geht er/sie zwei Kästchen zurück.
- Es gewinnt die Person, die als erste in Lateinamerika ankommt.

VARIANTE

- Die TN können in Kleingruppen selbst ein Spielbrett mit gemischten Grammatikübungen erstellen.

KOPIERVORLAGE

Cristóbal Colón

	(yo) publicar (indefinido)	(tú) hacer (presente de subjuntivo)	(ellos) reírse (indefinido)	(nosotros) irse (futuro simple)
Mi camiseta ~ (es/está) roja.	~ (Soy/Estoy) de Alemania.	Mis pantalones ~ (son/están) grandes.	~ (Estás/Eres) en Perú.	Vuestros lápices ~ (son/están) rotos.
Si ~ (yo/tener) tiempo, te ~ (ayudar).	Si ~ (él/tener) ganas, ~ (hacer) deporte.	Si ~ (hacer) sol, ~ (nosotros/ salir).	Si ~ (ella/estar), todos ~ (estar) felices.	Si ~ (ellos/ ganar), ~ (orga-nizar/nosotros) una fiesta.
Llevo un pantalón ~ (negro/-a).	Me gustan estas camisetas ~ (rojo/-a)	Estos zapatos ~ (azul) te quedan bien.	La falda ~ (amarillo/-a) es muy ~ (caro/-a).	El abrigo ~ (verde) es muy ~ (bonito/-a).
No creo que nos ~ (él/ayudar).	Si supiera la solución, ~ (yo/alegrarse).	Me gusta que ~ (tú/darme) las llaves de la casa.	Opino que no ~ (deber/ellos) trabajar demasiado.	

Solución:

	publiqué	hagas	se rieron	nos iremos
Mi camiseta es roja.	Soy de Alemania.	Mis pantalones son grandes.	Estás en Perú.	Vuestros lápices están rotos.
Si tuviera tiempo, te ayudaría.	Si tuviera ganas, haría deporte.	Si hiciera sol, saldría-mos.	Si estuviera ella, todos estarían felices.	Si ganasen/ganaran, organizaríamos una fiesta.
Llevo un pantalón negro.	Me gustan estas ca-misetas rojas.	Estos zapatos azules te quedan bien.	La falda amarilla es muy cara.	El abrigo verde es muy bonito.
No creo que nos ayude.	Si supiera la solución, me alegraría.	Me gustá que me des las llaves de la casa.	Opino que no deben trabajar demasiado.	

Autorin: Gina Fobbe • Jugando se aprende • Lernspiele für Spanisch • Klasse 5–10 • Grafiken: shutterstock / MoreVector (Schiff); shutterstock / Fenton one (Globus)

Mover el caballo

Klassenstufe	Ab 3. Lernjahr
Kompetenzen	Die Schüler trainieren Wortschatz und verschiedene Grammatikthemen.
Zeitbedarf	15 min
Material	Arbeitsblatt, Spielfiguren
Einbindung in den Unterricht	Der *presente de subjuntivo*, der Unterschied zwischen *ser* und *estar, saber/poder, traer/llevar*, verschiedene Präpositionen und die Bedingungssätze werden wiederholt und müssen bereits bekannt sein.

ABLAUF

- Die Schüler teilen sich in Kleingruppen auf.
- Jede Kleingruppe erhält ein Spielbrett bzw. ein Arbeitsblatt und jeder TN erhält eine Spielfigur. Diese Figur kann nur „Rösslsprünge“ machen, wie die Springerfigur beim Schach, also zwei Felder gerade in eine Richtung und ein Feld zur Seite.
- Die TN starten auf dem Feld mit dem Springer.
- Die Person, die als nächstes Geburtstag hat, beginnt.
- Sie zieht die Spielfigur wie den Springer beim Schach und löst die Aufgabe.
- Hat sie die Aufgabe richtig gelöst, ist sie noch einmal dran.
- Danach geht es im Uhrzeigersinn weiter.
- Ein Spielleiter bekommt die Lösungen und überprüft die Richtigkeit der Antworten.
- Wer als erstes zehn Aufgaben richtig gelöst hat, gewinnt.

KOPIERVORLAGE

Mover el caballo

Me gusta jugar ~ ajedrez.	¡No me ~ (hablar) así!	Espero que me ~ (poder, tú) ayudar.	Traduce: *Morgen habe ich keine Zeit.*	Hablamos mucho ~ teléfono.
¿Quedamos ~ la heladería?	La casa ~ (es/está) muy lejos.	Mi abuela dice que ~ (comer, yo) la sopa.	Tu mochila ~ (es/está) llena.	Traduce: *Der Stift ist kaputt.*
Si Pablo ~ (tener) tiempo, ~ (venir) a mi cumple.	Este regalo es ~ (por/para) mi madre.		Si quieres, te ~ (traigo/llevo) a casa.	¿Cuál es el deporte ~ divertido?
Elena, ¿ ~ (sabes/pue-des) tocar el piano?	Me gusta quedar ~ mis amigos.	Ayer Luis ~ (hacer) un pastel.	Es normal que ~ (tener) miedo.	Traduce: *Mein Lieblings-fach ist Englisch.*
Traduce: *Hoffentlich regnet es morgen nicht.*	Esta mañana ~ (levantarse, yo) muy tarde.	Traduce: *Ich spiele gerne Basketball.*	La semana pasada ~ (ir, nosotros) a la playa.	¡No me ~ (mentir)!

Solución:

Me gusta jugar al ajedrez.	¡No me hables así!	Espero que me pue-das ayudar.	Mañana no tengo tiempo.	Hablamos mucho por teléfono.
¿Quedamos en la heladería?	La casa está muy lejos.	Mi abuela dice que coma la sopa.	Tu mochila está llena.	El lápiz está roto.
Si Pablo tuviera tiempo, vendría a mi cumple.	Este regalo es para mi madre.		Si quieres, te llevo a casa.	¿Cuál es el deporte más divertido?
Elena, ¿sabes tocar el piano?	Me gusta quedar con mis amigos.	Ayer Luis hizo un pastel.	Es normal que tengas miedo.	Mi asignatura favorita es (el) inglés.
Ojalá mañana no llueva. / Espero que mañana no llueva.	Esta mañana me he levantado muy tarde.	Me gusta jugar al baloncesto.	La semana pasada fuimos a la playa.	¡No me mientas!

Autorin: Gina Fobbe • Jugando se aprende • Lernspiele für Spanisch • Klasse 5–10 • Grafik: shutterstock / Design lover

¿Quién es?

Klassenstufe	Ab 1. Lernjahr
Kompetenzen	Die Schüler trainieren Wortschatz und die Sprechkompetenz.
Zeitbedarf	15 min
Material	Arbeitsblatt
Einbindung in den Unterricht	Die Personenbeschreibung wird geübt.

ABLAUF

- Die Lehrkraft erklärt den Schülern, welche Eigenschaften bei der Personenbeschreibung besonders wichtig sind: das ungefähre Alter, die Größe, die Haar- und Augenfarbe, evtl. auch die Hautfarbe und Frisur. Man sollte außerdem besondere Merkmale wie eine Brille oder einen Hut erwähnen.
- Jeder TN erhält ein Arbeitsblatt und schaut sich die abgebildeten Personen und den Wortschatzkasten in Ruhe an.
- Ein TN beginnt und beschreibt eine der Personen auf dem Arbeitsblatt.
- Die anderen raten, wer gemeint ist.
- Der TN, der als erster richtig geraten hat, beschreibt die nächste Person.
- In einem nächsten Schritt können TN aus der Lerngruppe, Figuren aus dem Lehrwerk oder bekannte Personen beschrieben werden.

VARIANTE

- Ein TN beginnt, eine der Personen auf dem Arbeitsblatt oder aus dem Lehrwerk zu beschreiben. Nach einem Satz gibt er an TN 2 ab. Dieser fährt mit der Personenbeschreibung fort, ohne zu wissen, welche Person TN 1 im Kopf hat. Er muss aber eine Person beschreiben, zu der auch der Satz von TN 1 passt. Dann macht TN 3 weiter usw.

KOPIERVORLAGE

¿Quién es?

Vocabulario útil: Describir a una persona

las partes del cuerpo		la ropa	los colores
el pelo	rizado/-a	el jersey	azul
la cabeza	liso/-a	la camiseta	verde
la frente	grande	la camisa	naranja
la barbilla	pequeño/-a	los pantalones	amarillo/-a
la nariz	largo/-a	la falda	rojo/-a
la boca		el vestido	blanco/-a
los ojos		el cinturón	negro/-a
las orejas		la gorra	rosa
los hombros			violeta
las manos			azul
los brazos			marrón
las piernas			

Autorin: Gina Fobbe • Jugando se aprende • Lernspiele für Spanisch • Klasse 5–10 • Illustrationen: shutterstock / Natalia Zelenina

Veinte preguntas

Klassenstufe	Ab 1. Lernjahr
Kompetenzen	Die Schüler trainieren Wortschatz und die Sprechkompetenz.
Zeitbedarf	15 min
Material	–
Einbindung in den Unterricht	Fragen werden formuliert und Gegenstände definiert.

ABLAUF

- Die Lehrkraft oder ein Schüler denkt sich ein Wort (einen Gegenstand) aus und schreibt es an die Rückseite der Tafel.
- Nun versuchen die Mitschüler mithilfe von geschickten Entscheidungsfragen, diesen Gegenstand zu erraten, z. B.:
  ¿Es algo dentro de esta aula?
  ¿Es de lana/caucho/madera?
  ¿Se utiliza en clase?
  ¿Se puede comprar?
- Die Person, die vorne steht, darf die Fragen nur mit *Sí* oder *No* beantworten. Die Lehrkraft zählt die Anzahl der Fragen, z. B. durch Striche an der Tafel.
  Der Gegenstand muss in weniger als 20 Fragen erraten werden, sonst gewinnt der TN an der Tafel.
- Wer zuerst den Gegenstand errät, darf sich den nächsten Begriff ausdenken und ihn auf die Rückseite der Tafel schreiben.

Una historia con suspense

Klassenstufe	Ab 2. Lernjahr
Kompetenzen	Die Schüler trainieren Wortschatz und die Sprechkompetenz.
Zeitbedarf	15 min
Material	Evtl. Wörterbücher
Einbindung in den Unterricht	Dieses Spiel bietet sich an, wenn gerade im Unterricht eine Geschichte oder ein Märchen gelesen wurde.

ABLAUF

Alle TN sitzen im Kreis und eine/r fängt eine beliebige Geschichte an. Nach ca. 30 Sek. hört er/sie an einem *„cliffhanger“ (momento de suspense)* plötzlich auf zu erzählen und der nächste TN macht weiter. Es muss nicht der Reihe nach erzählt werden, sondern jeder TN, der eine Idee hat, kann die Geschichte fortsetzen.

Um den TN Ideen zu geben kann die Lehrkraft mit dem Einstieg beginnen und es können einige Wörter/Wortverbindungen an die Tafel geschrieben werden, die für die Geschichte verwendet werden sollen, z. B.:

en un bosque oscuro
todas las mañanas escuchaba
y de repente desapareció
el hombre buscaba
en las noches
y cuando salía el sol

ANMERKUNG

Es geht hier nicht darum, eine kohärente Geschichte zu erzählen, sondern um flüssiges Sprechen vor Publikum. Auch Absurdes darf erzählt werden. Gemeinsam schaffen es die TN, Ideen zusammenzutragen und eine Geschichte zu erzählen.

Die Lehrkraft kann auch mit dem Märcheneinstieg *„Érase una vez ...“* beginnen und mit *„Colorín, colorado, este cuento se ha acabado.“* entscheiden, wann die Geschichte zu Ende ist.

Doblar el papelito

Klassenstufe	Ab 1. Lernjahr
Kompetenzen	Die Schüler trainieren den Satzbau und die Schreibkompetenz. Außerdem werden die Wortarten wiederholt.
Zeitbedarf	10 min
Material	Ein Blatt Papier, evtl. Wörterbücher
Einbindung in den Unterricht	Dieses Spiel bietet sich an, wenn gerade der Aufbau von Sätzen oder die verschiedenen Wortarten thematisiert wurden.

ABLAUF

- Jeder TN benötigt ein Blatt Papier und einen Stift.
- Die Lehrkraft gibt als erste Anweisung, einen Artikel *(el, la, un* oder *una)* auf die linke Seite des Blattes zu schreiben.
- Danach faltet jeder TN das Blatt so, dass der Artikel nicht mehr zu sehen ist und gibt den Zettel an den rechten Sitznachbarn weiter.
- Nun soll ein Substantiv aufgeschrieben werden und daraufhin wird das Blatt erneut gefaltet und an den rechten Sitznachbarn weitergegeben.
  Die Reihenfolge ist:
  1. einen Artikel
  2. ein Substantiv
  3. ein Adjektiv
  4. ein Verb
  5. eine Präposition
  6. einen Ort (Substantiv)
  7. eine Zeitangabe
- Danach werden die Zettel aufgefaltet und die lustigen Sätze vorgelesen.

VARIANTE

- Jeder nimmt sich ein Blatt mit einem Satz vor und versucht, diesen mit so wenig Änderungen wie möglich zu korrigieren.

La serpiente azteca

Klassenstufe	Ab 2./3. Lernjahr
Kompetenzen	Die Schüler trainieren Wortschatz, Landeskunde und die Lesekompetenz.
Zeitbedarf	10 min
Material	Arbeitsblatt, evtl. Wörterbücher
Einbindung in den Unterricht	Dieses Spiel passt zu den Themenkomplexen „Entdeckung Amerikas“ und „Eroberung Mexikos“.

ABLAUF

Jeder Schüler erhält ein Arbeitsblatt. Eine kurze Einführung der Lehrkraft zu den Azteken in Mexiko und Hernán Cortés Einnahme Tenochtitláns im Namen der spanischen Krone ist sinnvoll. Dass Cortés die Übersetzerin Malinche als Sklavin hielt und sie ihm dazu verhalf, die Adligen und den Kaiser umzubringen sowie die spanische Vorherrschaft durch ihre Kenntnisse der Zugangswege zur Lagune begünstigte, sollte kurz umrissen werden.

Die TN können allein oder auch zu zweit arbeiten. Sie versuchen, aus den Wortschlangen auf dem Arbeitsblatt sinnvolle Sätze zu bilden und erfahren so mehr über die Eroberung Mexikos und die Einnahme der Stadt Tenochtitlán durch Hernán Cortés.

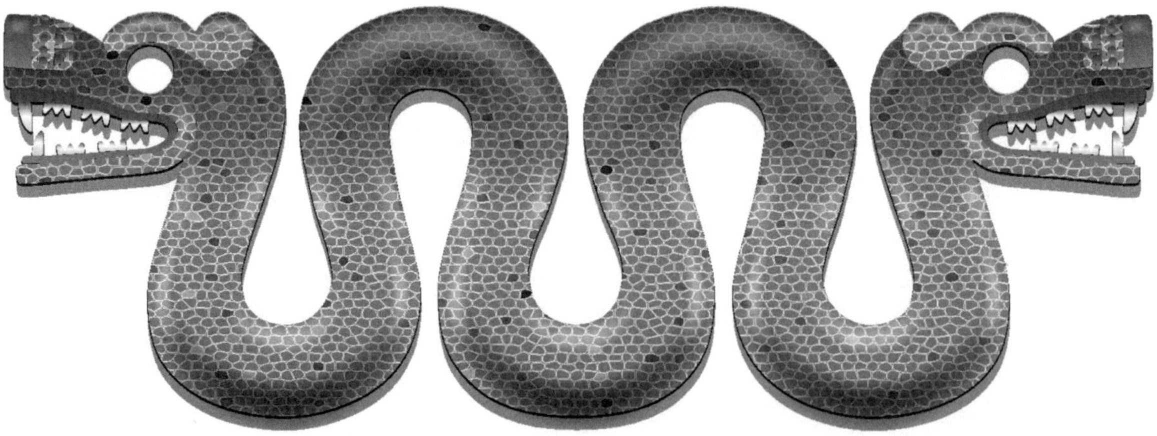

Illustration: shutterstock / Ryan Ladbrook

KOPIERVORLAGE

La serpiente azteca

EnelsigloXVIlosaztecasysuemperadorvivíanenlaciudaddeTenochtitlánquehoyendíasellamaCiudaddeMéxico.

ElconquistadorespañolHernánCortésllegóalasriberasdeMéxicoconsusbarcos.

En1519laMalincheunamujernáhuatlfueunadelasveinteesclavasquelosindígenasdeTabascoledieroncomotributo.

MalinchesirvióaCortéscomointérpretedenáhuatlamayayseconvirtiómástardeensuamante.

EsasíqueCortéssupodeloscuatropuentesdedefensadeesaciudadconstruidaenunalaguna.

CortéspudoentrarconsushombresymataralemperadorMoctezumayalanoblezaazteca.

SeapoderódeTenochtitlánfundóunacoloniaespañolaysuhijofueelprimermestizo.

Solución:
En el siglo XVI, los aztecas y su emperador vivían en la ciudad de Tenochtitlán que hoy en día se llama Ciudad de México.
El conquistador español Hernán Cortés llegó a las riberas de México con sus barcos.
En 1519 la Malinche, una mujer náhuatl, fue una de las veinte esclavas que los indígenas de Tabasco le dieron como tributo.
Malinche sirvió a Cortés como intérprete de náhuatl a maya y se convirtió más tarde en su amante.
Es así que Cortés supo de los cuatro puentes de defensa de esa ciudad construida en una laguna.
Cortés pudo entrar con sus hombres y matar al emperador Moctezuma y a la nobleza azteca.
Se apoderó de Tenochtitlán, fundó una colonia española y su hijo fue el primer mestizo.

Autorin: Gina Fobbe • Jugando se aprende • Lernspiele für Spanisch • Klasse 5–10

La piñata

Klassenstufe	Ab 1. Lernjahr
Kompetenzen	Die Schüler trainieren die Schreibkompetenz und erhalten landeskundliche Informationen.
Zeitbedarf	ca. 15 min
Material	Arbeitsblatt pro Schüler / pro Gruppe
Einbindung in den Unterricht	Der Satzbau wird geübt.

ABLAUF

In vielen lateinamerikanischen Ländern bekommen Kinder zu ihrem Geburtstag eine *piñata,* eine mit Süßigkeiten gefüllt Pappfigur (s. Foto), auf die die Gäste der Geburtstagsfeier mit verbundenen Augen mit einem Stock so lange einschlagen müssen, bis sie zerbricht und die Süßigkeiten herausfallen. In dieser *piñata* sind keine Süßigkeiten, sondern Satzteile, die von den Schülern zu vollständigen Sätzen zusammengebaut werden müssen.

Entweder erhält jeder TN einen Satz, zerschneidet diesen und baut ihn in der richtigen Reihenfolge zusammen oder es werden Gruppen gebildet und alle 10 Sätze werden zerschnitten und gemeinsam zusammengesetzt.

VARIANTE

- Bei der „echten“ *piñata* singen die Geburtstagsgäste das Lied „Dale, Dale, Dale“, während eine/r auf die *piñata* einschlägt. Der Liedtext und die Melodie sind im Internet leicht zu finden.

  Die Schüler bilden Gruppen und jeder TN bekommt einen oder zwei Sätze. Er/Sie muss den Satz ordnen während die anderen TN das Lied singen. Wenn sie fertig gesungen haben, ist der nächste TN der Gruppe dran und ordnet seinen Satz. Es wird erneut gesungen.

KOPIERVORLAGE

La piñata

En cada piñata hay un revuelto de palabras. Ordena las frases.

Marco	bici	su	ir	trabajo	en	a	quiere
Ana	para	quiere	cena	pan	la	comprar	fresco
Vamos	este	a	fin	playa	la	semana	de
Juan	arreglar	que	coche	tiene	su	días	estos
Pedro	móvil	buenas	su	en	tiene	canciones	muchas
a	Clara	cumple	celebrar	va	tarde	esta	su
que	y	Tienes	la	limonada	comprar	jamón	el
Gabriel	mucho	semana	hemos	y	trabajado	yo	esta
En	nueva	la	muy	hay	tienda	libros	buenos
Hoy	mi	de	cumple	abuela	es	el	querida

Solución:

1. Marco quiere ir en bici a su trabajo. / Marco quiere ir a su trabajo en bici.
2. Ana quiere comprar pan fresco para la cena.
3. Vamos a la playa este fin de semana.
4. Juan tiene que arreglar su coche estos días.
5. Pedro tiene muchas buenas canciones en su móvil. / Pedro tiene muchas canciones buenas en su móvil.
6. Clara va a celebrar su cumple esta tarde.
7. Tienes que comprar la limonada y el jamón. / Tienes que comprar el jamón y la limonada.
8. Gabriel y yo hemos trabajado mucho esta semana.
9. En la nueva tienda hay muy buenos libros.
10. Hoy es el cumple de mi querida abuela.

Autorin: Gina Fobbe • Jugando se aprende • Lernspiele für Spanisch • Klasse 5–10 • Foto: shutterstock / Fer Gregory

¿Quién soy?

Klassenstufe	Ab 1. Lernjahr
Kompetenzen	Die Schüler trainieren Wortschatz und die Sprechkompetenz. Besonders die Formulierung von Fragen wird gefestigt.
Zeitbedarf	Etwa 15 min pro Runde. Es empfiehlt sich, das Spiel am Ende einer Stunde zu spielen und dann lieber mehrfach, damit es jeder (bzw. jede Gruppe) schafft, eine Person zu erraten – Sie sollten ein Zeitlimit setzen.
Material	Post-Its, 1 pro Schüler/Gruppe
Einbindung in den Unterricht	Menschen und ihr Aussehen werden beschrieben.

ABLAUF

- Der Name einer bekannten Person wird auf ein Post-It geschrieben und hinten auf den Rücken oder auf die Stirn eines TN geklebt. Dieser muss nun raten, wer er ist, indem er geschickte Entscheidungsfragen stellt.
- Die anderen Mitspieler dürfen nur mit *Sí* oder *No* antworten.
  Gute Fragen zu Beginn sind:
  ¿Sigo vivo?
  ¿Soy hombre/mujer?
  ¿Soy cantante/actor/escritor?
  ¿He ganado un Óscar?
- Bei großen Klassen kann man die Gruppe in zwei Mannschaften aufteilen. Man kann ebenfalls zwei Schüler oder eine Kleingruppe gemeinsam eine Person erraten lassen.

VARIANTEN

- Der Name einer nicht realen Person oder Comicfigur muss erraten werden, etwa Spiderman oder Obelix.
- Man kann auch Gegenstände oder Aktivitäten erraten lassen.
- Mehrere Personen/Gruppen erraten gleichzeitig die für sie vorgesehene Person. Sobald eine Frage mit *No* beantwortet wird, darf die nächste Person/Gruppe weiterfragen. Wer als erstes seine Person errät, gewinnt.

Novios en noventa y nueve segundos

Klassenstufe	Ab 1. Lernjahr
Kompetenzen	Die Schüler trainieren die Hörkompetenz und die Sprechkompetenz.
Zeitbedarf	20 min
Material	Arbeitsblatt, evtl. Wörterbücher
Einbindung in den Unterricht	Die eigenen Charaktereigenschaften sowie Tätigkeiten/Hobbies und Wunschvorstellungen werden beschrieben, Fragen formuliert und beantwortet.

ABLAUF

- Jeder TN erhält ein Arbeitsblatt und füllt es aus. Dafür sollten Wörterbücher zur Verfügung stehen. Das ausgefüllte Arbeitsblatt hilft den TN, anschließend ein kurzes Gespräch über sich führen zu können und dem anderen Fragen über seinen Charakter und seine Träume und Wünsche stellen zu können.
- Dann werden im Klassenraum die Tische in zwei Reihen aufgestellt. An jedem Tisch setzen sich zwei TN gegenüber. Die Zeit wird gestoppt, sie haben 90 Sekunden Zeit, um sich kennenzulernen.
  Typische Fragen wären:
  ¿Cuáles son tus hobbys?
  ¿Dónde vives?
  ¿Cómo son tus vacaciones ideales?
  ¿Cuál es tu canción favorita?
- Nach 90 Sekunden rutschen die TN auf der rechten Seite einen Stuhl weiter und sprechen mit dem nächsten Gegenüber.

VARIANTE

- Wer nicht gerne über sich sprechen möchte, kann sich auch einen Charakter ausdenken oder die Rolle einer berühmten Person einnehmen.

KOPIERVORLAGE

Novios en noventa y nueve segundos

Mi nombre	Mi profesión	Mis hobbys	Mi animal favorito	Mi instrumento favorito
Mi lugar de nacimiento	El lugar donde vivo	Mi lugar favorito	Mi canción favorita	Mi baile favorito
Mi color favorito	Mi comida favorita	Mis vacaciones ideales	Mi bebida preferida	El mejor día de la semana
Mis deseos para el futuro	La persona con la que me gustaría discutir un rato	El mejor rasgo de mi personalidad	El peor rasgo de mi carácter	Un día me gustaría ser ...

Autorin: Gina Fobbe • Jugando se aprende • Lernspiele für Spanisch • Klasse 5–10

Daniel dice

Klassenstufe	Ab 2. Lernjahr
Kompetenzen	Die Schüler trainieren Wortschatz, die Hörkompetenz und Grammatik (Imperativ und indirekte Rede).
Zeitbedarf	10 min
Material	–
Einbindung in den Unterricht	Wortschatz zum Thema „Körperteile" wird trainiert und der Imperativ wiederholt.

ABLAUF

Die Lehrkraft macht die erste Runde vor und gibt weiter, was Daniel sagt: Daniel gibt den anderen TN Befehle. Diese dürfen die Befehle aber nur ausführen, wenn der Befehl mit *„Daniel dice"* eingeleitet wird, z. B.:

„Daniel dice que levantéis las manos." → Die Lehrkraft und die TN heben ihre Hände.

Bei *„Levantad las manos."* hebt zwar die Lehrkraft die Hände, doch die TN müssen unbeweglich stehen- bzw. sitzenbleiben und dürfen den Befehl nicht ausführen. Wer sich dennoch bewegt bzw. der Anweisung folgt oder die Anweisung falsch ausführt, ist *„fuera"* und scheidet für diese Runde aus.

Mögliche Befehle sind z. B.:

Daniel dice que os pongáis de pie.
Daniel dice que pongáis la mano derecha sobre la cabeza.
Poneos la mano izquierda sobre la frente.
Saltad tres veces.
Daniel dice que os pongáis el dedo en la nariz.

VARIANTE

- Die Befehle können auch abwechselnd von allen TN gegeben werden, dafür sollten sich die Schüler am besten zuvor in einen Kreis setzen oder stellen.

¡Ándale!

Klassenstufe	Ab 1. Lernjahr
Kompetenzen	Die Schüler trainieren Wortschatz und die Schreibkompetenz. Auch die Sozialkompetenz wird gestärkt, da die Schüler als Team arbeiten müssen, um ans Ziel zu kommen.
Zeitbedarf	15 min
Material	Eine Stoppuhr
Einbindung in den Unterricht	Wortschatz zu bestimmten Wortfeldern/Themen wird trainiert.

ABLAUF

- Die Lerngruppe wird in zwei Teams eingeteilt.
- Jedes Team stellt sich in einer Reihe vor die Tafel.
- Die Lehrkraft ruft laut eine Kategorie aus, z. B. *el fútbol.* Die Zeit wird gestoppt, es gibt drei Minuten pro Kategorie.
- Jeder TN schreibt nun ein Wort, das mit dem genannten Thema zu tun hat, an die Tafel und reicht die Kreide schnell an den nächsten TN weiter. Danach stellt er/sie sich wieder ans Ende seiner Teamreihe.
- Gewonnen hat die Gruppe, die die meisten Begriffe zu einer Kategorie gesammelt hat. Doppelte Begriffe werden gestrichen und falsch geschriebene Wörter zählen auch nicht mit.
- Weitere mögliche Kategorien wären z. B.: *el verano, los regalos, Barcelona, el color azul, en el colegio, la comida, países y regiones, Latinoamérica, España.*

A ciegas

Klassenstufe	Ab 1. Lernjahr
Kompetenzen	Die Schüler trainieren Grammatik (Imperativ), die Hörkompetenz und die Sprechkompetenz.
Zeitbedarf	10 min
Material	Arbeitsblatt
Einbindung in den Unterricht	Die Richtungen für die Wegbeschreibungen und der Imperativ werden geübt.

ABLAUF

- Die TN bilden Zweiergruppen.
- Ein TN schließt die Augen, der andere legt ihm die Hände sanft auf die Schultern und dirigiert ihn mit mündlichen Befehlen einen bestimmten Weg entlang: rechts, links, zurück, auch hoch auf einen Stuhl und hinunter.
- Dann werden die Rollen vertauscht.
  Die TN lernen, sich blind zu vertrauen.

VARIANTEN

- Die Teilnehmer versuchen sich nur mithilfe der mündlichen Befehle zu dirigieren und führen den anderen nicht mit den Händen auf den Schultern.
- Es kann auch ein Weg im Klassenraum konstruiert werden, durch den die TN gelotst werden müssen.

KOPIERVORLAGE

Vocabulario útil: Describir un camino

Ve a la izquierda/derecha.
Ve todo recto.
Párate.
Adelante.
Da la vuelta.
¡Cuidado! Hay una silla. / Allí hay otra persona.
Súbete a la silla.
Bájate de la silla.
Sigue un metro más/un poquito más.
Has llegado. Puedes abrir los ojos.

Autorin: Gina Fobbe • Jugando se aprende • Lernspiele für Spanisch • Klasse 5–10

El camino de Santiago

Klassenstufe	Ab 2. Lernjahr
Kompetenzen	Die Schüler trainieren Wortschatz und die Sprechkompetenz. Sie erarbeiten sich landeskundliche Informationen.
Zeitbedarf	40 min (+ Vorbereitungszeit)
Material	Arbeitsblatt / Pilgerausweis pro TN und sechs Stempel
Einbindung in den Unterricht	Das Spiel passt sehr gut am Ende einer Unterrichtseinheit zum Thema *Camino de Santiago.*

ABLAUF

Im Klassenraum werden sieben Stationen aufgebaut.

An jeder Pilgerstation wird den Pilgern eine Aufgabe gestellt, erfüllen sie die Aufgabe, bekommen sie einen Stempel in den Pilgerpass. An jeder Pilgerstation steht ein TN, der die Aufgabe stellt und die Ausweise stempelt. Sobald eine Station von allen Schülern durchlaufen wurde, darf sich diese Person selbst auch auf den Weg machen. Hat ein TN alle Stationen durchlaufen, kann er eine Pilgerstation übernehmen und den TN dort ablösen.

Die Aufgaben sollten zunächst mit dem TN besprochen werden, sodass sich jeder vorbereiten kann. Die TN, die an den Stationen stehen und die Fragen stellen, müssen ihre Fragen formulieren und mögliche Antworten recherchieren. Die Pilger informieren sich ebenfalls und bereiten sich auf die Fragen bzw. Aufgaben vor.

STATIONEN

Station 1:
Hier erhält man die Pilgerpässe / die Arbeitsblätter. Die TN werden nach ihren Namen, der Adresse, der Ausweisnummer und des Startortes gefragt und erzählen, auf welche Art sie pilgern werden (zu Fuß, mit dem Fahrrad oder auf einem Pferd). Der Stationswärter füllt die *credencial* aus und gibt sie dem Pilger mit auf den Weg.

Station 2:
Die TN werden nach einem Grund gefragt, warum sie pilgern und wie lange sie unterwegs sein werden.

Station 3:
Die TN werden gefragt, was sie alles in ihrem Rucksack haben.

Station 4:
Die TN nennen drei verschiedene Pilgerrouten mit wichtigen Städten.

Station 5:
Die TN nennen drei der zehn Pilger-Gebote *(mandamientos del peregrino).*

Station 6:
Die TN beschreiben den Weg von ihrem zu Hause bis zur Schule.

Station 7:
Die TN nennen zwei Pilgersymbole, die ihnen den Weg gewiesen haben.

KOPIERVORLAGE

Camino de Santiago

Credencial

Fecha: ______________________________

Nombre: ______________________________

Dirección: ______________________________

DNI: ______________________________

Comienza la peregrinación en ____________

a Santiago de Compostela.

a pie ☐ en bicicleta ☐ a caballo ☐

Certificación de paso

Firmas y sellos

Fecha:	Fecha:	Fecha:
Fecha:	Fecha:	Fecha:

Autorin: Gina Fobbe • Jugando se aprende • Lernspiele für Spanisch • Klasse 5–10 • Grafik: shutterstock / Lora Sutyagina

Silla caliente

Klassenstufe	Ab 2. Lernjahr
Kompetenzen	Die Schüler trainieren die Hörkompetenz und die Sprechkompetenz. Landeskundliche Informationen werden gefestigt.
Zeitbedarf	15 min
Material	Arbeitsblatt, Notizen zu einem bestimmten Thema
Einbindung in den Unterricht	Dieses Spiel kann je nach gerade behandeltem Thema angepasst werden. Es werden Fragen zur Landeskunde gestellt. Diese Version passt sehr gut am Ende einer Unterrichtseinheit zum Thema *Cataluña*.

ABLAUF

Alle TN bereiten ein Thema vor (auch als Hausaufgabe möglich), wie *El turismo en Cataluña*. Sie überlegen sich verschiedene Fragen zu diesem Thema und notieren auch die Antworten.

Es werden Gruppen gebildet. In jeder Gruppe setzt sich ein TN auf den „heißen Stuhl". Die restlichen TN stellen Fragen zum Thema.

Für jede richtig beantwortete Frage bekommt der/die Befragte einen Punkt. Sobald er/sie drei Punkte hat, darf er/sie jemand anderen auf den „heißen Stuhl" setzen.

VARIANTEN

- Zwei Leute setzen sich auf „heiße Stühle" und dürfen sich gegenseitig beraten.
- Man kann sich außerdem auf verschiedene „Joker" einigen:
  - *Pregunta al público:* Man darf einmal das „Publikum" befragen, wenn man die Antwort nicht weiß.
  - *Tres respuestas:* Man bekommt einmal drei mögliche Antworten genannt, von denen eine die richtige ist.

KOPIERVORLAGE

Silla caliente

Posibles preguntas:

1. ¿Cómo se llama la iglesia inacabada de Antoni Gaudí en Barcelona?
2. ¿Cómo se llama la región costera cerca de Barcelona cuyo nombre significa "wilde Küste" en alemán?
3. ¿Qué lenguas se hablan en Cataluña?
4. ¿Dónde se encuentra el famoso Teatro-Museo de Salvador Dalí?
5. ¿Qué se celebra el 23 de abril en Cataluña?
6. ¿Qué son los *castells?*
7. ¿Quién construyó la casa Battló?
8. ¿Cómo se llama el famoso parque que tiene un dragón en la entrada?
9. ¿En cuántas provincias está dividida Cataluña?
10. ¿Cómo se llaman esas provincias?

Soluciones:

1. Se llama Sagrada Familia.
2. Se llama Costa Brava.
3. Se habla catalán y español.
4. Se encuentra en Figueras.
5. Se celebra el Día de San Jorge. Las chicas regalan libros a sus novios y los chicos regalan rosas a sus novias.
6. Son torres de personas.
7. Antoni Gaudí la construyó.
8. Se llama Parque Güell.
9. En cuatro provincias.
10. Se llaman Barcelona, Tarragona, Lérida y Gerona.

Autorin: Gina Fobbe • Jugando se aprende • Lernspiele für Spanisch • Klasse 5–10

Búsqueda del tesoro

Klassenstufe	Ab 2. Lernjahr
Kompetenzen	Die Schüler trainieren die Hörkompetenz und die Sprechkompetenz. Landeskundliche Informationen werden gefestigt.
Zeitbedarf	20 min
Material	Arbeitsblatt, evtl. Wörterbücher
Einbindung in den Unterricht	Dieses Spiel kann je nach gerade behandeltem Thema angepasst werden. Es werden Fragen zur Landeskunde gestellt.

ABLAUF

- Die Schüler teilen sich in Gruppen auf.
- Jede Gruppe bestimmt einen Spielleiter. Dieser erhält die Liste mit den Fragen und die Lösungen dazu.
- Der Spielleiter stellt eine Frage nach der anderen und jeder TN der Gruppe kann die Lösung sagen.
- Ruft ein TN die richtige Lösung, bekommt er/sie einen Punkt. Ist die Lösung falsch, wird ein Punkt abgezogen.
- Wer am Ende die meisten Punkte gesammelt hat, gewinnt.

KOPIERVORLAGE

Búsqueda del tesoro

Posibles preguntas:

1. ¿Cómo se llama el actual Rey de España?
2. ¿Qué baile es típico de Andalucía?
3. ¿Qué comida tradicional se come en la región de Valencia?
4. ¿Adónde van los peregrinos para rezar al Santo en Galicia?
5. ¿Cómo se llamaba el general que se volvió dictador en España?
6. ¿Cómo se llama el conjunto de edificios más conocido de la ciudad de Granada?
7. ¿Qué río pasa por España y también por Portugal?
8. ¿Qué autor escribió la novela sobre Don Quijote y Sancho Panza?
9. ¿Dónde se encuentra la famosa mezquita que se convirtió en iglesia católica?
10. ¿En qué ciudad puedes ver la famosa Torre del Oro?
11. ¿Cómo se llama la sopa fría de tomates que se come en verano?
12. ¿Cómo se llama la gran fiesta del tomate que se celebra en la región valenciana en agosto?
13. ¿Adónde quería llegar Cristóbal Colón?
14. ¿Cuál es el país de origen del aguacate?
15. ¿Cómo se llama la capital de Perú?
16. ¿En qué año salió Cristobal Colón hacia América?
17. ¿Cómo se llama el canal que une los océanos Atlántico y Pacífico en Centroamérica?
18. ¿Cómo se llama la ciudad histórica en la montaña de los incas en Perú?
19. ¿Cuál es el país más grande de Latinoamérica?
20. ¿Cuál es el país más pequeño de Sudamérica?

Soluciones:

1. Felipe
2. el flamenco
3. la paella
4. a Santiago de Compostela
5. Francisco Franco
6. la Alhambra
7. el Tajo
8. Miguel de Cervantes
9. en Córdoba
10. en Sevilla
11. el gazpacho
12. la Tomatina
13. a la India
14. México
15. Lima
16. en 1492
17. el canal de Panamá
18. Machu Picchu
19. Brasil
20. Surinam

Buscar alojamiento

Klassenstufe	Ab 1. Lernjahr
Kompetenzen	Die Schüler trainieren Wortschatz und die Sprechkompetenz. Auch die Schreibkompetenz kann trainiert werden.
Zeitbedarf	20 min
Material	Arbeitsblatt, evtl. Wörterbücher
Einbindung in den Unterricht	Dieses Rollenspiel passt zu den Themen „Zimmerreservierung“ und „Reiseplanung“.

ABLAUF

- Die TN bilden 2er- oder 3er-Gruppen und erhalten jeweils ein Arbeitsblatt mit nützlichem Wortschatz.
- Sie stellen sich vor, sie seien im Urlaub in Spanien. Sie haben noch keine Unterkunft und gehen daher zur Touristeninformation und erkundigen sich nach Übernachtungsmöglichkeiten.
- Ein TN spielt den/die Mitarbeiter/in bei der Touristeninformation und der bzw. die anderen erkundigen sich nach freien Zimmern in Hotels, Hostels oder Jugendherbergen.

VARIANTE

- Der Dialog wird schriftlich festgehalten, geprobt und der Klasse anschließend vorgeführt.

KOPIERVORLAGE

Buscar alojamiento

Vocabulario útil: Buscar alojamiento

Buenos días.

Busco/Buscamos ... para ... noches

Nos gustaría vivir cerca de la playa / cerca del centro / cerca de muchos restaurantes y cafés / ...

¿Cuánto cuesta ...?

¿En qué le/s puedo ayudar?

¿Qué tipo de alojamiento busca/n?

¿Para cuántas personas?

¿Cuántos días se quiere/n quedar?

Tenemos una buena oferta.

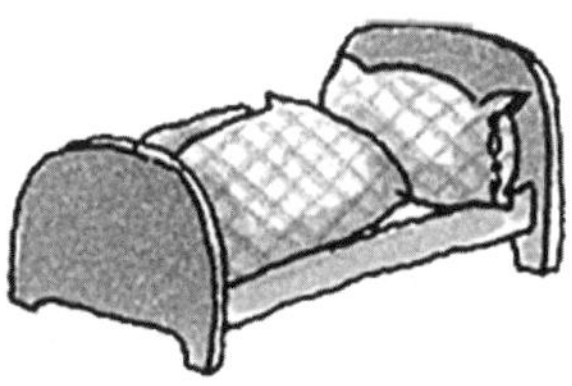
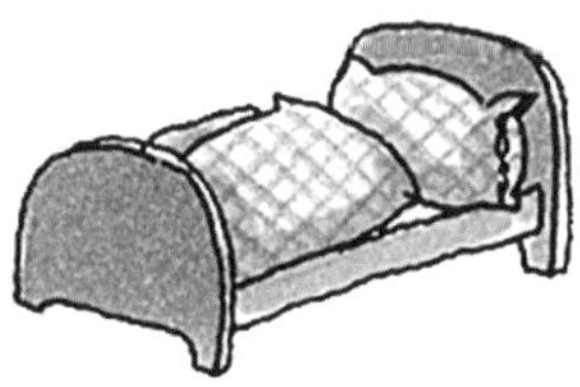
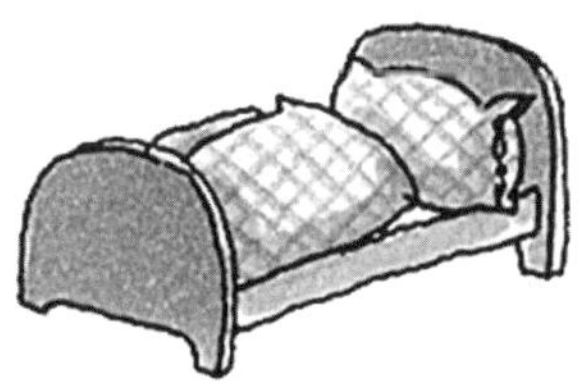

el hostal

el hotel

el camping

el albergue juvenil

el hotel tres estrellas

el hotel con piscina

la habitación doble

la habitación individual

una cama en un dormitorio

con/sin desayuno

con baño individual/compartido

económico/-a, caro/-a

la tienda de campaña

Autorin: Gina Fobbe • Jugando se aprende • Lernspiele für Spanisch • Klasse 5–10 • Illustrationen: Kristina Klotz

Un mapa de la ciudad

Klassenstufe	Ab 1. Lernjahr
Kompetenzen	Die Schüler trainieren Wortschatz und die Sprechkompetenz sowie die Orientierung in einer fremden Stadt.
Zeitbedarf	20 min
Material	Pro Gruppe einen Stadtplan einer bekannten Stadt in einem spanischsprachigen Land, Arbeitsblatt und evtl. Wörterbücher
Einbindung in den Unterricht	Mit diesem Rollenspiel wird die Wegbeschreibung geübt.

ABLAUF

- Die Schüler bilden Zweiergruppen.
- Sie erhalten den Auszug von einem Stadtplan und das Arbeitsblatt mit hilfreichem Vokabular.
- Auf dem Stadtplan wird ein Ausgangspunkt markiert, an dem sich die TN befinden.
- Ein TN sucht einen bestimmten Ort / eine Straße / eine touristische Attraktion und fragt den anderen TN nach dem Weg.
- Danach werden die Rollen getauscht.

KOPIERVORLAGE

Un mapa de la ciudad

Vocabulario útil: Un mapa de la ciudad

la estación
el hotel
el restaurante
el bar de tapas
un café
el alquiler de coches
el supermercado
el teatro
el aeropuerto
la iglesia
la plaza

Disculpa, ¿cómo puedo llegar a ...?
¿Sabe/s dónde está ...?
¿Hay un/a ... por aquí cerca?

Sigue esta calle.
Toma la primera/segunda calle a la derecha/izquierda.
Sigue todo recto hasta ...
Cruza la calle / plaza / el parque ...
Hay un cruce / una plaza grande / un hotel ...

En el (super)mercado

Klassenstufe	Ab 1. Lernjahr
Kompetenzen	Die Schüler trainieren Wortschatz und die Sprechkompetenz.
Zeitbedarf	20 min
Material	Arbeitsblatt
Einbindung in den Unterricht	Wortschatz zu den Themen „Lebensmittel“ und „Einkaufen“ wird wiederholt und gefestigt.

ABLAUF

Die TN bilden 3er- oder 4er- Gruppen und stellen sich folgende Situation vor: Sie wohnen gemeinsam in einer WG in Spanien und möchten heute Abend zusammen kochen. Zunächst sollten sie sich darauf einigen, was sie kochen wollen und eine Liste der notwendigen Zutaten für die Mahlzeit zusammenstellen. Danach kaufen sie ein. Die Dialoge werden eingeübt und anschließend der Klasse präsentiert.

VARIANTE

- Einer der TN übernimmt die Rolle des Verkäufers und der Einkaufsdialog wird ebenfalls dargestellt.

En el (super)mercado

Vocabulario útil: En el (super)mercado

¿Qué cocinamos hoy?
¿Qué os parece?
¿Os gusta ...?
¿Tenemos ... en casa?
No me gusta ...
Me parece muy buena idea.
También podemos hacer ...
Necesitamos 1 kg de ... / 150 gramos de ... / un litro de ...
¿Qué más?
¡Buena idea!
Por favor, póngame ...
¿Cuánto cuesta ...?

la patata
la pasta
el arroz
el huevo
el tomate
las hierbas
la zanahoria
el aceite de oliva
el jamón
los mariscos
el pollo
las bebidas
la sal/la pimienta

Autorin: Gina Fobbe • Jugando se aprende • Lernspiele für Spanisch • Klasse 5–10 • Illustrationen: Steffen Jähde

Comprar ropa

Klassenstufe	Ab 1. Lernjahr
Kompetenzen	Die Schüler trainieren Wortschatz und die Sprechkompetenz.
Zeitbedarf	20 min
Material	Arbeitsblatt, Buntstifte, evtl. Wörterbücher
Einbindung in den Unterricht	Das Wortfeld „Kleidung“ wird trainiert und Einkaufsdialoge werden geübt.

ABLAUF

- Die Schüler bilden 2er- oder 3er-Gruppen und erhalten gemeinsam ein Arbeitsblatt.
- Zunächst fragen sie sich gegenseitig nach den Kleidungsstücken, die auf dem Arbeitsblatt zu sehen sind.
  A: *¿Qué es?*
  B: *Es un pantalón corto.*
  A: *¿De qué color es?*
  B: *Es verde.*
  A: *¿Cuánto cuesta?*
  B: *Cuesta 12 euros.*
- Sie kolorieren das Kleidungsstück und zeichnen ihm ein Preisschild hinzu. Das machen sie mit allen Kleidungsstücken auf dem Arbeitsblatt.
- Danach nimmt eine/r die Rolle des Verkäufers/der Verkäuferin ein. Der/die andere/n möchte/n Kleidung kaufen.

VARIANTE

- Es können auch zwei Freunde dargestellt werden, die sich gegenseitig beim Kleidungskauf beraten.

KOPIERVORLAGE

Comprar ropa

Vocabulario útil: Comprar ropa

la ropa	los colores
el jersey	azul
la camiseta	verde
la camisa	naranja
los pantalones	amarillo/-a
la falda	rojo/-a
el vestido	blanco/-a
el cinturón	negro/-a
la gorra	rosa
	violeta
	marrón

¿Qué te parece este vestido?
No está mal.
Te queda muy bien.
Te va muy bien.
No me gusta mucho.
¡Qué guay!
Necesito una talla más grande/pequeña.
¿Puedo probarme este pantalón?
¿No prefieres esta camiseta?
Disculpa, ¿dónde están los probadores?
¿Dónde está la caja?

Autorin: Gina Fobbe • Jugando se aprende • Lernspiele für Spanisch • Klasse 5–10 • Illustrationen: Steffen Jähde

Tener una avería en la carretera

Klassenstufe	Ab 2. Lernjahr
Kompetenzen	Die Schüler trainieren Wortschatz und die Sprechkompetenz. Auch Sprachmittlung kann geübt werden.
Zeitbedarf	20 min
Material	Arbeitsblatt, evtl. Wörterbücher
Einbindung in den Unterricht	Das Wortfeld „Auto(panne)“ wird trainiert und Telefongespräche/Notrufe werden geübt.

ABLAUF

- Die Schüler werden in Kleingruppen aufgeteilt. Sie stellen sich folgende Situation vor: Sie sind mit ihren Eltern im Auto unterwegs auf einer Autobahn in Spanien und haben plötzlich eine Panne. Sie fahren an den Straßenrand und rufen den spanischen Pannendienst an.
- Zunächst wird das Telefongespräch geführt und anschließend erscheint der Pannendienst.
- Die Schüler erklären, was passiert ist, da die Eltern kein Spanisch können. Der Pannendienst versucht, die Situation zu klären, das Auto zu reparieren oder abzuschleppen.
- Jede Kleingruppe denkt sich eine bestimmte Situation aus und übt die Szene ein.
- Anschließend werden die Dialoge der Klasse vorgespielt.

VARIANTE

- Es können auch Schüler die Rollen der Eltern übernehmen, die kein Spanisch können. Eine/r muss dann die Rolle des Kindes (= des Übersetzers) einnehmen und zwischen den Eltern und dem Pannendienst vermitteln. Die Rollen müssen dann getauscht werden, damit jede/r mal die Rolle des Übersetzers einnimmt.

KOPIERVORLAGE

Tener una avería en la carretera

Vocabulario útil: Tener una avería

Estamos en la carretera ...

Tenemos una avería.

Necesitamos su ayuda.

No sé lo que ha pasado.

De repente ...

Estamos aparcados en un lugar seguro al lado de la carretera cerca de la salida norte.

Muchas gracias.

Habla con el servicio de averías, ¿cómo le podemos ayudar?

No se preocupe.

Nosotros les ayudaremos.

¿Dónde se encuentra?

¿Tiene las luces y los triángulos de emergencia puestos?

¿Lleva puesto el chaleco reflectante?

La grúa llega en unos quince minutos.

el motor

la rueda

la llanta

el tubo de escape

el maletero

el parabrisas

chocar

reventar

dejar de funcionar

apagarse de repente

llevar a remolque

Autorin: Gina Fobbe • Jugando se aprende • Lernspiele für Spanisch • Klasse 5–10 • Illustration: Kristina Klotz

En la panadería

Klassenstufe	Ab 1. Lernjahr
Kompetenzen	Die Schüler trainieren Wortschatz und die Sprechkompetenz.
Zeitbedarf	15 min
Material	Arbeitsblatt
Einbindung in den Unterricht	Wortschatz „Lebensmittel (Brot) / Einkaufen" wird wiederholt und gefestigt.

ABLAUF

Die TN bilden 2er- oder 3er-Gruppen und erhalten jeweils ein Arbeitsblatt mit nützlichem Wortschatz. Ein TN spielt den/die Verkäufer/in einer Bäckerei und der bzw. die anderen wollen bei ihm/ihr Brot einkaufen. Anschließend werden die Rollen getauscht.

KOPIERVORLAGE

En la panadería

Vocabulario útil: En la panadería

Buenos días.	el pan
¿Qué nos puede recomendar?	el cruasán
Os recomiendo ...	el panecillo
También tenemos ...	la torta
Vale, voy a probar ...	la barra de pan
Me gustaría comprar ...	el pan de cereales
¿Cuánto cuesta ... ?	la galleta
Son ... euros, por favor.	el pastel
¿Algo más?	las pasas
¿Necesitas una bolsa?	los nueces
Gracias.	los churros

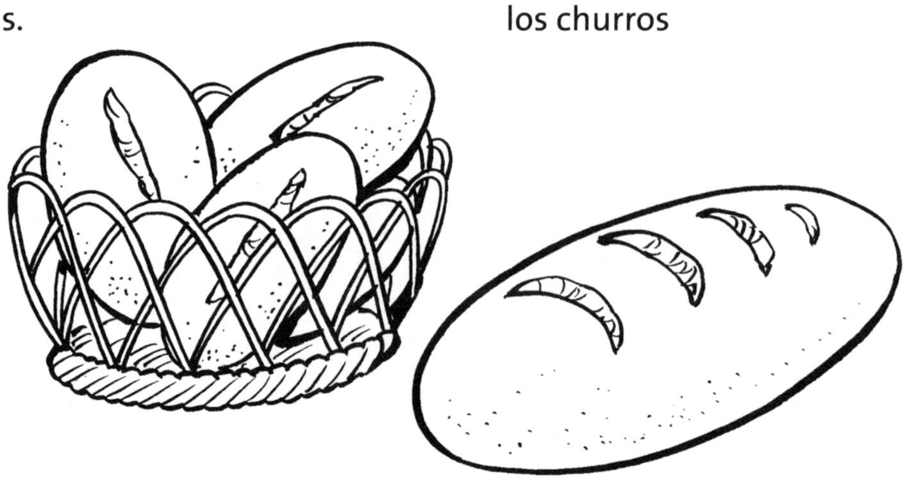

Autorin: Gina Fobbe • Jugando se aprende • Lernspiele für Spanisch • Klasse 5–10 • Illustrationen: Steffen Jähde

En la pescadería

Klassenstufe	Ab 1. Lernjahr
Kompetenzen	Die Schüler trainieren Wortschatz und die Sprechkompetenz.
Zeitbedarf	15 min
Material	Arbeitsblatt
Einbindung in den Unterricht	Wortschatz „Lebensmittel (Fisch) / Einkaufen“ wird wiederholt und gefestigt.

ABLAUF

Die TN bilden 2er- oder 3er-Gruppen und erhalten jeweils ein Arbeitsblatt mit nützlichem Wortschatz. Da der Wortschatz sehr speziell und nur selten Bestandteil der Lehrwerke ist, sollte er zunächst mit den TN besprochen werden.

Ein TN spielt den/die Verkäufer/in eines Fischgeschäftes und der bzw. die anderen wollen bei ihm/ihr Fisch einkaufen. Anschließend werden die Rollen getauscht.

KOPIERVORLAGE

En la pescadería

Vocabulario útil: En la pescadería

Buenos días.
¿Qué tipo de pescado nos recomienda para ...?
Os recomiendo ...
También tenemos ...
Vale, póngame medio kilo de ...
Y 100 gramos de ...
¿Cuánto cuesta ...?
Son ... euros, por favor.
¿Algo más?
Así está bien.
Muchas gracias. Adiós.

el pescado
los mariscos
el bacalao
las almejas
las anchoas
el boquerón
el atún
los calamares
los mejillones
la merluza
el pulpo
las sardinas

Autorin: Gina Fobbe • Jugando se aprende • Lernspiele für Spanisch • Klasse 5–10 • Illustration: Steffen Jähde

En el hospital

Klassenstufe	Ab 1. Lernjahr
Kompetenzen	Die Schüler trainieren Wortschatz und die Sprechkompetenz.
Zeitbedarf	15 min
Material	Arbeitsblatt und evtl. Wörterbücher
Einbindung in den Unterricht	Wortschatz „Krankheiten/Arztbesuche" wird wiederholt und gefestigt.

ABLAUF

- Die TN bilden 2er- oder 3er-Gruppen und erhalten jeweils ein Arbeitsblatt mit nützlichem Wortschatz.
- Zunächst beschriften die TN gemeinsam die Illustration auf dem Arbeitsblatt mit den entsprechenden Körperteilen.
- Anschließend wird das Rollenspiel begonnen: Ein TN spielt den Arzt / die Ärztin eines Krankenhauses und der bzw. die andere den Patienten / die Patientin.
- Danach werden die Rollen getauscht.

KOPIERVORLAGE

En el hospital

Vocabulario útil: En el hospital

El/La paciente
No me siento nada bien.
Me siento muy mal.

Me duele la garganta,
el estómago, la cabeza, la pierna derecha, el pie izquierdo, ...

Tengo fiebre, tos, diarrea,
dolores en mi mano derecha, ...

El/La médico/-a
¿Cómo estás?
¿Cómo te sientes?
¿Qué te duele?

Tienes un resfrío, una infección, un virus, gripe ...

Aquí tienes tu medicina.
Tienes que tomar una pastilla tres veces al día.

Tienes que quedarte en la cama.
Debes tomar mucho té.
¡Que te mejores!

Autorin: Gina Fobbe • Jugando se aprende • Lernspiele für Spanisch • Klasse 5–10 • Illustration: Steffen Jähde

En un piso compartido

Klassenstufe	Ab 1. Lernjahr
Kompetenzen	Die Schüler trainieren Wortschatz und die Schreibkompetenz. Auch die Sprechkompetenz wird trainiert.
Zeitbedarf	30 min (+ Vorbereitungszeit)
Material	Arbeitsblätter, Zettel für die Anzeigen, evtl. Wörterbücher
Einbindung in den Unterricht	Dieses Spiel passt zu den Themen „Wohnungssuche" und „Wohngemeinschaften".

ABLAUF

Die Klasse wird in mehrere Gruppen eingeteilt. Vier Gruppen spielen die Bewohner von vier verschiedenen WGs. Sie sind auf der Suche nach neuen Mitbewohnern. Die restlichen TN sind auf der Suche nach einem WG-Zimmer.

Zunächst erstellen die „WG-Gruppen" je eine Anzeige, in der sie sich und die WG vorstellen und beschreiben, nach welcher „Art" von Mitbewohner/n sie suchen.

Die WG-suchenden TN machen sich Notizen darüber, was sie beim Gespräch in der WG über sich erzählen möchten und welche Fragen sie an die WG-Bewohner haben. Sie können sich auch eine Persönlichkeit ausdenken, als die sie sich vorstellen (Student, Musiker, Koch etc.).

Die Anzeigen werden im Klassenraum ausgehängt.

Anschließend beginnen die Rollenspiele. Die WG-suchenden TN können auswählen, wo sie sich vorstellen. Sie können sich auch mehr als eine WG anschauen.

VARIANTE

- Zum Abschluss erzählen die WG-suchenden TN, wo sie gerne einziehen würden und warum. Die WG-Bewohner diskutieren untereinander, wem sie das Zimmer bzw. die Zimmer geben und begründen ihre Auswahl.

KOPIERVORLAGE

En un piso compartido

El anuncio

¿Cómo es el piso? ¿Dónde está?

¿Cómo es la habitación que está libre?

¿Cuántas personas viven en el piso?

¿Cómo son las personas que viven en el piso?

¿Qué tipo de compañero de piso buscan?

¿Cómo es la convivencia? ¿Hay reglas?

¿Cuánto cuesta la habitación?

La entrevista: Posibles preguntas ...

... de la persona que busca una habitación:

¿Cocináis juntos?

¿Hacéis juntos la compra?

¿Tenéis un plan para la limpieza?

¿Cuánto cuesta la habitación?

¿Hacéis muchas fiestas en casa?

¿Puedo traer a mi perro?

...

... al nuevo compañero/ la nueva compañera:

¿Qué tipo de música te gusta?

¿Te gusta cocinar?

¿Tocas algún instrumento?

¿Dónde vivías antes? ¿Ya has vivido alguna vez en un piso compartido?

¿Qué haces? ¿Trabajas o estudias?

¿Te gustan los animales?

...

Autorin: Gina Fobbe • Jugando se aprende • Lernspiele für Spanisch • Klasse 5–10

En movimiento

Klassenstufe	Ab 1. Lernjahr
Kompetenzen	Die Schüler trainieren Wortschatz in Verbindung mit Körperbewegungen.
Zeitbedarf	10 min
Material	—
Einbindung in den Unterricht	Das Spiel kann zu Beginn einer Unterrichtsstunde gespielt werden, um die Schüler zu aktivieren oder zwischendurch, um die Konzentrationsfähigkeit zu stärken.

ABLAUF

Die Schüler stehen auf, sie können je nach Platz auch einen Kreis bilden. Die Lehrkraft spricht ein Verb laut aus und macht eine pantomimische Bewegung dazu.

Manche Verben eignen sich als Gegensatzpaar, wie *entrar* und *salir* und die Lehrkraft kann das Hinein- und Hinausgehen gleich als Doppelbewegung vormachen.

Jedes Verb wird ein zweites Mal laut gesagt. Dann wiederholen die Schüler die Bewegung und sprechen das Verb laut mit.

Durch die Verbindung von Sprechen und der Bewegung, Zusehen und Nachmachen, werden die Vokabeln von mehreren Sinnen erfasst und dadurch stärker gefestigt.

Es empfiehlt sich, zu Beginn einer Unterrichtsstunde einige Minuten lang auf diese Art und Weise Verben zu wiederholen. Die Aktivierung der Motorik lässt die Schüler auch aufmerksamer dem nachfolgenden Unterricht folgen, sie können mit einer guten Basisübung die nachfolgende Lektion bearbeiten.

Folgende Verben bieten sich für beispielsweise für diese Übung an:
1. *entrar – salir*
2. *sentarse – levantarse*
3. *agacharse*
4. *poner la mano en la cabeza/el codo/…*
5. *saltar – pararse*
6. *dar la vuelta*
7. *ponerse de pie*
8. *cerrar – abrir los ojos*
9. *tomar un libro/una regla con la mano derecha/izquierda*
10. *subir – bajar las escaleras*
11. *respirar*
12. *bostezar*

VARIANTEN

- Nicht nur die Lehrkraft stellt die Verben dar, sondern auch die Schüler suchen nach geeigneten Verben für diese Übung und überlegen sich passende Bewegungen dazu.
- Auch Berufsbezeichnungen eignen sich für dieses Spiel.

Abbildungsverzeichnis

S. 12: shutterstock / jeedlove
S. 15: Steffen Jähde
S. 16: Steffen Jähde
S. 17: Steffen Jähde
S. 19: Steffen Jähde
S. 22: Antje Kahl
S. 24: shutterstock / Macrovector, shutterstock / philia
S. 26: shutterstock / Bannykh Alexey Vladimirovich
S. 34: Kristina Klotz
S. 39: Kristina Klotz (Maus); shutterstock / Polar_lights (Haus)
S. 40: shutterstock / Tartila
S. 41: shutterstock / Tartila
S. 46: Steffen Jähde
S. 48: shutterstock / MoreVector (Schiff); shutterstock / Fenton one (Globus)
S. 50: shutterstock / Design lover
S. 52: shutterstock / Natalia Zelenina
S. 56: shutterstock / Ryan Ladbrook
S. 59: shutterstock / Fer Gregory
S. 67: shutterstock / Lora Sutyagina
S. 73: Kristina Klotz
S. 75: Steffen Jähde
S. 77: Steffen Jähde
S. 79: Kristina Klotz
S. 80: Steffen Jähde
S. 81: Steffen Jähde
S. 83: Steffen Jähde

Sprachunterricht mit Embodied Cognition

Wie neues Wissen durch Bewegung ins Gehirn gelangt

ISBN 978-3-589-16550-6

Lernen in Bewegung

Den Körper beim Lernen aktiv einsetzen – die Idee ist nicht neu, wird aber in der Schule kaum genutzt. Dieser Band erläutert, wie Impulse aus dem Theater effektiv zum Erlernen einer Fremdsprache genutzt werden können.

Aus dem Inhalt

- Warm ups, Standbildtechniken und Theaterspiele für den Unterricht
- Wie bewegt man Teenager zum bewegten Lernen?
- Theoretisch fundiert und in der Unterrichtspraxis erprobt

Das gesamte Programm unter **cornelsen.de/sekundarstufe**

Cornelsen